老年人口研究

数据与分析方法

郑真真 主编

中国社会科学出版社

图书在版编目（CIP）数据

老年人口研究：数据与分析方法/郑真真主编.—北京：中国社会科学出版社，2015.10
ISBN 978 – 7 – 5161 – 7202 – 5

Ⅰ.①老… Ⅱ.①郑… Ⅲ.①老年人—人口—研究—中国 Ⅳ.①C924.24

中国版本图书馆 CIP 数据核字（2015）第 288614 号

出 版 人	赵剑英
责任编辑	李庆红
责任校对	周晓东
责任印制	王 超
出　　版	中国社会科学出版社
社　　址	北京鼓楼西大街甲 158 号
邮　　编	100720
网　　址	http：//www.csspw.cn
发 行 部	010 – 84083685
门 市 部	010 – 84029450
经　　销	新华书店及其他书店
印　　刷	北京明恒达印务有限公司
装　　订	廊坊市广阳区广增装订厂
版　　次	2015 年 10 月第 1 版
印　　次	2015 年 10 月第 1 次印刷
开　　本	710×1000　1/16
印　　张	11.75
插　　页	2
字　　数	188 千字
定　　价	45.00 元

凡购买中国社会科学出版社图书，如有质量问题请与本社营销中心联系调换
电话：010 – 84083683
版权所有　侵权必究

目 录

序··郑真真（1）
老年人口定量研究的基础：中国老年
　　人口数据来源····························林　宝　郑真真（1）
中国老年健康影响因素跟踪调查：
　　1998—2014年·························柳玉芝　郑真真（14）
分家对老年人死亡风险的影响
　　——基于中国多世代人口数据库（双城）·········王　磊（23）
出生队列效应下老年人健康指标的生长曲线
　　及其城乡差异····························李　婷　张闫龙（37）
儿童期社会经济地位对中老年人健康的影响······夏翠翠　李建新（65）
混合变量类型之潜在变量模型在
　　健康研究中的应用························李　强　张　震（80）
代际关系对老年人死亡风险的影响·······················李春华（92）
中国老年人的健康行为与口腔健康················郑真真　周　云（109）
城乡老年人口生活满意度差异及变化分析··········李建新　刘保中（124）
老年人养老负担—家庭承载力指数研究····················封　婷（143）
世界各地区人口长寿水平比较分析
　　——兼论区域人口长寿水平的测量和比较···········林　宝（162）

序

人口老龄化是影响到每一个人的全球性普遍现象。人口老龄化不仅涉及老年人，还会影响人类社会生活的各个方面。中国的人口老龄化发生在社会经济发展水平不高的情况下，而且老龄化速度快，老年人口规模大，增长速度前所未有。20世纪80年代末，中国65岁及以上的老年人不到6千万，如今已逼近1.4亿人。中国人口在21世纪上半叶的持续老龄化已成定局。如此大规模的人口状况，将会对总人口状况以及社会经济发展产生显著影响，老年人的健康、就业、社会与政治参与、生活质量等，应当得到更多的关注。

在人口老龄化的同时，中国还在经历着快速城镇化与人口大规模流动、社会和经济转型、政府职能转变、社会保障制度改革等一系列重大变化。这些变化使得人口老龄化相关问题更为复杂，同时，快速人口老龄化也给中国未来的社会经济发展、卫生医疗和公共服务等方面带来重大的挑战。在国家制定应对人口老龄化挑战的策略与措施时，与人口老龄化相关的公共政策设计和科学决策对科学研究产生了更大需求。

人口研究以实证研究为主，研究的发展不仅与社会需求有关，也取决于可获得的数据和适用的分析方法。当老年人口规模相对较小，尤其是高龄老年人相对较少时，对这个人口状况的深入分析和规律性总结会受到局限；此外，针对老年人设计的专项调查的缺乏，可靠资料和数据的难以获得等，都是包括中国在内的发展中国家普遍存在的问题，不利于人口老龄化相关研究的开展和研究队伍的成长。自 20 世纪 80 年代始，中国学界开始有学者关注中国的老年人口和人口老龄化问题，并陆续开展了老年人口抽样调查研究以及利用人口普查结果对老年人口的研究。不过，与发达国家相比，中国可供研究的老年人口专项数据十分有限，制约了实证研究的深入，尤其是定量研究。

20 世纪 90 年代以后，中国学术界和政府部门相继开展了多项老年人口调查或与人口老龄化有关的社会调查，为人口老龄化相关研究提供了越来越丰富的数据资料。尤其是北京大学国家发展研究院的研究团队开展的全国性跟踪调查，不仅样本规模大、覆盖内容全面、时间跨度长，而且调查数据及时开放，可免费获取，极大地促进了相关研究的开展。至今中国已经拥有全世界独一无二的老年健康长期跟踪调查大样本数据，在应用调查数据开展统计分析方面也有了长足进展。不过，在对现有数据资料包括历史数据的开发利用和深入分析方面，还有更大的发展空间。2013 年 9 月，在中国社会科学院创新工程项目的支持下，我们邀请在老年人口定量研究方面有所成就的中青年学者，召开了"人口老龄化相关研究：数据与分析方法"学术研讨会，研讨内容聚焦与人口老龄化相关的数据来源和统计分析方法，并对每个分析案例展开了充分讨论。会后不少参会者根据讨论中提出的问题和建议对论文进行了修改补充，连同在此前后的几项研究成果，组成了本书内容，集中呈现给读者，以期为推动中国人口老龄化的定量研究中做一份贡献。

书中的数据综述部分除了介绍中国老年人口调查以及相关的部分数据来源，还特别收入一篇论文介绍了迄今为止跟踪时间跨度最长的中国老年健康影响因素跟踪调查及其质量评估。本书收集的研究论文均为在老龄研究中应用统计分析方法的案例，以具体研究问题为切入点，不仅展示研究成果，不少论文也用较大篇幅介绍所用分析方法以及选择该方法的理由。研究论文所用的数据大部分是应用专项调查获得的微观数据，也有使用宏观指标的研究；在微观数据的应用中多数来自近年的老年人口调查，包括 2014 年的最新调查结果，也有使用百年前历史数据的分析。

老年人口研究中的分析方法应用需要考虑到老年人口的特点。老年人口特别是高龄老人在健康、居住安排、生活方式、社会交往等很多方面都具有不同于较年轻人口的特征和规律，在分析方法的应用中需要充分考虑到被研究人群的特征，对分析方法的选择不必追求新奇、复杂，而要力求最合适，避免因方法的误用而导致难以解释甚至错误的分析结果。本书的作者们针对特定老年人口样本和所研究的问题，在分析方法的选择和应用上各有特色，既有近年来快速发展的更为适宜的统计分析方法，也有较为传统的常用分析方法；还有从研究需求出发，应用宏观或微观数据构建指标的研究。特别值得一提的是，书中多篇论文充分发挥了跟踪数据的优势，利用了能够考虑时间变化的分析方法，对影响老年人健康和死亡风险的影响因素进行了各有特色的深入分析。

感谢中国社会科学院的学术出版资助，使我们得以将研究成果结集出版；感谢中国社会科学出版社的编辑为出版本书付出的辛勤劳动；特别要感谢各章的作者们对本书的贡献。科学严谨的定量研究需要花费大量的时间和精力，在所有的辛苦劳动之后，呈现出的结果往往会给同行带来共鸣和启发的喜悦，我衷心希望读者能在阅读时找到这样的乐趣。

郑真真
2015 年 8 月于北京

老年人口定量研究的基础：
中国老年人口数据来源

林宝　郑真真[①]

中国目前正处于人口老龄化快速发展阶段，老年人口规模不断扩大。根据第六次全国人口普查数据公报，大陆31个省、自治区、直辖市和现役军人的人口中，普查时60岁及以上人口为177648705人，占总人口的13.26%，其中65岁及以上人口为118831709人，占8.87%。同2000年第五次全国人口普查相比，60岁及以上人口的比重上升2.93个百分点，65岁及以上人口的比重上升1.91个百分点。随着人口老龄化程度的提高和老年人口数量的增长，加强人口老龄化和老年人口相关问题的研究、提高决策的科学性和可行性十分重要，而数据是科学研究和政府决策的基础。概括起来，目前中国老年人口相关研究的数据主要来源有两类：一是全国人口普查和国家统计局开展的1%人口抽样调查及人口变动情况抽样调查；二是相关机构开展的老年人口专项调查。本文将对中国老年人口研究的主要数据来源进行简要概述，为了有助于读者了解这些数据，同时还介绍了应用相关数据的部分研究成果。

一　全国人口普查和人口抽样调查数据

人口普查是当今世界各国广泛采用的收集人口资料的一种最基本的科

[①] 林宝，男，中国社会科学院人口与劳动经济研究所副研究员；郑真真，女，中国社会科学院人口与劳动经济研究所研究员。

学方法，是提供全国基本人口数据的主要来源。（国务院第六次全国人口普查领导小组办公室，第六次人口普查官方网站）由于年龄是人口的基本特征，因此人口普查均会统计人口的年龄信息。有了年龄信息，就可以对人口进行年龄分组，因此从普查数据均可获得老年人口状况的相关信息。

自中华人民共和国成立以来，共进行了六次全国人口普查，分别在1953年、1964年、1982年、1990年、2000年和2010年。随着社会经济的不断发展，对人口信息的要求越来越高，普查内容也越来越多，为老年人口研究提供了越来越丰富的信息。1953年第一次人口普查的标准时点是7月1日零时，这一标准时点一直延续到1990年第四次人口普查。普查内容包括本户地址、姓名、性别、年龄、民族、与户主关系6项。1964年开展的第二次人口普查，在调查内容上有所增加，除保留第一次普查的6项外，又增加了本人成分、文化程度、职业3项。1982年第三次人口普查，调查内容进一步增加到19项，增加了常住人口的户口登记状况，在业人口的行业、职业和不在业人口状况，婚姻状况以及生育子女总数、存活子女总数和生育胎次等。1990年第四次人口普查在1982年普查的基础上又增加了五年前常住地状况和迁来本地原因两项，达到21项。2000年第五次人口普查分按户填报项目和按人填报项目，调查内容进一步增加到49项，并第一次采取了长短表技术，将普查标准时间改为11月1日零时，并沿用至2010年第六次人口普查，同时改变了常住人口的标准。2010年第六次人口普查依然采用长短表技术，普查表短表共有18个项目，按户填报的有6项，按人填报的有12项；普查表长表共有45个项目，按户填报的有17项，按人填报的有28项。同时，首次将外籍人员纳入普查对象。

历次普查数据表明，中国老年人口数量和占全国人口的比例自第二次人口普查后一直保持升势。1953年第一次人口普查时，65岁及以上老年人口为2621.1万，占全国总人口的4.41%；1964年第二次人口普查时老年人口降至2472.7万，占全国人口的比例也下降到3.56%，1982年第三次人口普查时老年人口达到了4950.2万，比例为4.91%；1990年第四次人口普查时老年人口达到了6314.6万，比例为5.57%；2000年第五次人口普查时老年人口达到了8810.2万，比例为6.96%；2010年第六次人口普查时老年人口进一步上升到11883.2万，比例也上升到8.87%（见表1）。

表1　　　　中国历次人口普查的65岁及以上老年人口数量和比例

年份	1953	1964	1982	1990	2000	2010
比例（%）	4.41	3.56	4.91	5.57	6.96	8.87
数量（万人）	2621.1	2472.7	4950.2	6314.6	8810.2	11883.2

资料来源：国家统计局：《中国统计年鉴2010》；第六次全国人口普查数据公报。

中国人口普查的间隔已经固定在每十年一次。为了进一步了解人口的变动情况，为制订国民经济和社会发展相关计划和规划服务，需要在未开展人口普查的年份进行人口变动情况调查。中国现在已经形成了在两次普查之间开展一次1%人口抽样调查和每年开展一次人口变动情况抽样调查的制度。这些调查也为老年人口研究提供了大量的研究数据。

中国至今已经开展了三次1%人口抽样调查，分别是在1987年、1995年和2005年。1987年1%人口抽样调查采取分层、三阶段、整群抽样的方法，在大陆29个省、自治区、直辖市中抽选了1045个县、市（市辖区），共调查登记了10711652人（含现役军人），调查登记的标准时间为7月1日0时。这次调查在95%的把握程度下，半年出生率的抽样误差范围为±0.11‰，死亡率的抽样误差范围为±0.06‰（《关于1987年全国1%人口抽样调查主要数据的公报》）。1995年1%人口抽样调查采取分层、多阶段、整群抽样的方法，在全国30个省、自治区、直辖市（未含台湾和港澳地区，下同）共抽取了1558个县级行政单位、47471个调查小区，共调查登记了12565584人（含现役军人），占全国人口总数的1.04%。调查登记的标准时间为1995年10月1日0时。这次调查的抽样误差为：在95%的把握程度下，人口出生率的抽样误差为0.73‰，人口死亡率的抽样误差为0.39‰（《关于1995年全国1%人口抽样调查主要数据的公报》）。2005年1%人口抽样调查采取分层、多阶段、整群概率比例的抽样方法，以调查小区为最终样本单位，调查了1705万人，占全国人口总数的1.31%。这次调查没有像前两次调查一样公布调查的出生率和死亡率抽样误差，但公布了经事后质量抽查得到的总人口净漏登率为1.72%（《2005年全国1%人口抽样调查主要数据的公报》）。

中国的人口变动情况抽样调查始于1983年。1983年1月8日国务院人口普查领导小组、国家统计局、公安部、国家计划生育委员会发布了《关于开展人口变动情况抽样调查工作的通知》，决定进行人口变动抽样调查。同年8月31日国务院办公厅转发国家统计局、国家计划生育委员会、国务院第三次人口普查领导小组《关于认真做好1983年人口变动情况抽样调查工作的意见》，要求各省、市、自治区人民政府协调统计、公安、计划生育部门认真做好这项工作；决定今后调查每年进行一次，形成一项调查制度。自此以后，人口变动情况抽样调查成为国家统计局收集人口数据的重要手段，也是国家统计局发布年度人口数据和其他相关数据的重要依据。

人口普查数据和人口抽样调查数据是研究人口老龄化和老年人口问题的重要数据基础，特别是历次人口普查数据和1%人口抽样调查数据更是为学者们所常用。利用这些数据可以对老年人口的基本情况进行描述，也可以对老年人口规模和比例变动进行纵向分析，还可以开展人口预测，对未来的人口老龄化形势和老年人口状况进行展望。如曲海波（1989）利用1982年人口普查资料分析了中国老年人口性别年龄构成、期望寿命、文化程度、婚姻状况等。王树新（1990）用1982年人口普查和1987年1%人口抽样调查资料分析了中国老年人口的就业状况。战捷等（1993）利用1990年人口普查数据分析了中国老年人口的婚姻状况、经济活动状况、户主率、居住方式等。杜鹏（1993）以1982年和1990年普查数据为基础，分析了两次普查间老年人口的更替情况。邬沧萍、杜鹏等（2006）利用2000年人口普查数据，分析了中国老年人口的存活率与平均余寿、在业状况、主要生活来源、婚姻、家庭与户主状况、受教育水平、流迁状况、住房状况等，并对预计到2050年的人口老龄化形势进行了多方案预测。

二 中国老年人口专项调查数据

我国老年医学的调查从20世纪50年代已经开始，但从社会科学角度研究老年人口问题（开展老年人口调查）则是从20世纪80年代开始的（徐勤，1990）。迄今为止，各类老年人口相关调查已达数百次。这些调查规模大小不一、侧重点各不相同，既有全国性的调查，也有区域性的调查。下表列出了学者使用较多、公开研究成果较多的几次全国性的老年人口调查。

表2　　　　　　　　部分全国性老年人口调查概况

编号	名称	实施单位	时间（年）	地点	样本量（人）	抽样方法
1	中国60岁以上老年人口抽样调查	中国社会科学院人口研究所	1987	28省市区	36755	分层、多阶段、整群随机抽样
2	中国九大城市老年人状况抽样调查	天津社学科学院社会学研究所	1988	北京、天津、哈尔滨等9市	6994	多段分层定比随机抽样
3	中国老年人供养体系调查	中国老龄科学研究中心	1992	北京、天津、上海、浙江等12个省市	20083	分层整群抽样
4	中国城乡老年人口状况抽样调查	全国老龄工作委员会办公室、中国老龄科学研究中心	2000 2006 2010	全国20个省、市、自治区	20255 19947 —	PPS抽样
5	中国健康与养老追踪调查	北京大学国家发展研究院	2011 2013	全国28个省、市、自治区	17708 18605	多级PPS抽样
6	第三期中国妇女社会地位调查（老年专卷）	全国妇女联合会、国家统计局	2010	全国34个省、市、自治区和新疆建设兵团	10581	分层三阶段、PPS抽样
7	中国老年健康影响因素跟踪调查	北京大学国家发展研究院健康老龄与发展研究中心	1998 2000 2002 2005 2008 2012 2014	全国22个省、市、自治区	8959 11161 20535 18579 20366 10188 7192	跟踪调查、多阶段、整群、配额抽样

中国社会科学院人口研究所组织开展的"中国60岁以上老年人口抽样调查"是国家七五社科重点项目"中国老年人口调查和社会保障改革研究"

的一部分。该调查覆盖了除西藏自治区以外的大陆 28 个省、自治区和直辖市，采用分层、多阶段、随机抽样的方法，共调查 60 岁以上老年人口 36755 人，其中市镇 17819 人，农村 18936 人。调查的标准时点为 1987 年 6 月 30 日 24 时，调查由国家统计局城乡抽样调查队具体实施，在 7 月 1—15 日完成（田雪原，1988）。在该调查开展的同时，参与合作研究的 20 多个省份也采用全国统一问卷，利用抽样调查、典型调查等方法对本地区的老年人口情况进行了调查，与全国样本合计调查近 10 万人（杨子慧，1988）。该调查数据为老年人口研究提供了丰富的资料，基于调查结果出版了《中国 1987 年 60 岁以上老年人口抽样调查资料》、《中国老年人口》（人口卷、经济卷、社会卷），并在学术期刊上发表了一批学术成果。如田雪原（1988）利用该数据分析了老年人口性别年龄结构、文化程度、婚姻、生育、家庭、经济状况和供养、就业、医疗、健康、活动状况等。沙吉才（1989）利用该数据分析了中国城市老年人口的文化构成特点及其与经济收入、经济来源、劳动就业等之间的关系。熊郁（1990）利用该数据分析了中国老年人口家庭的主要特征。王梅（1992）利用该数据结合 1987 年全国 1% 人口抽样调查数据分析了中国老年人口有自理能力的预期寿命。

中国老龄科学研究中心 1992 年组织开展的"中国老年人供养体系调查"是联合国人口基金资助的调查项目。该调查在北京、天津、上海、浙江、江苏、湖北、四川、贵州、陕西、黑龙江、广西和山西 12 省（市）共选择了 95 个调查点，其中城市 48 个，农村 47 个；调查对象为 60 岁及以上老人，共调查 20083 人，其中城市 9889 人，农村 10194 人。调查采用分层、整群抽样的调查方法，主要调查了老年人的基本特征、经济状况、居住安排和生活照料、心理感受等内容，将调查结果出版了《中国老年人供养体系调查数据汇编》（1994）。基于该数据的研究成果也涉及多个方面：经济状况及养老负担（王梅、夏传玲，1994；贾国平、陶鹰，1995；李建民，1998）、代际关系（于学军，1995；郭志刚、陈功，1998；陈功、郭志刚，1998）、生活质量（潘光祖等，1995；王树新，1996）、就业（姚引妹，1995）、健康和自理状况（于学军，1999；姜晶梅，1999）、心理状况（王瑞梓、张丽珍，1996）等。

中国老龄科学研究中心分别于 2000 年、2006 年和 2010 年开展了三次

"中国城乡老年人口状况抽样调查"。2000年开展的"中国城乡老年人口状况一次性抽样调查"是第一次由国家拨专款并以政府名义进行的全国性老年人口状况调查。该调查由全国老龄工作委员会办公室、中国老龄协会委托其所属的中国老龄科学研究中心具体实施。该调查涉及全国20个省、自治区、直辖市的160个市（县）、640个街道（乡）、2000个居委会（村）。调查时点为2000年12月1日，调查对象是抽样范围内城乡60岁及以上的老年人。调查问卷分城市问卷、农村问卷和城乡社区问卷。调查内容主要涉及老年人口的基本生活状况、经济供养、医疗保健、社区服务、精神文化生活、社会活动、老龄基层组织和工作等情况。调查采用分层配额系统随机抽样方法，共获得有效个人问卷20225份，其中城市10171份，农村10084份（2003）。调查后出版了《中国城乡老年人口状况一次性抽样调查数据分析》，该书不仅给出了调查数据分析结果，还发表了九个专题分析。2006年中国老龄科学研究中心进行了一次追踪调查，调查19947人，其中城市10016人，农村9931人。调查的标准时点为2006年6月1日0时。该调查完成后出版了《2006年中国城乡老年人口状况追踪调查数据分析》（郭平、陈刚，2009）。2010年中国老龄科学研究中心又开展了第二次追踪调查，调查时点为2010年12月1日。目前，2010年的调查结果尚未正式公布。基于前两次调查数据的多部著作被纳入中国老龄科研中心组织编写的"老龄科研丛书"（中国社会出版社2009年版），如《中国农村老龄政策研究》、《中国女性老年人口状况研究》、《中国城乡老年人社会活动和精神心理状况研究》、《中国农村老年人口福利状况研究》、《老年人健康自评和生活自理能力》等。此外，在学术期刊上也发表了一批基于该数据的研究成果，如关于老年贫困（徐勤、魏彦彦，2005；乔晓春等，2005；王德文、张恺悌，2005；乔晓春等，2006）、活动参与（王莉莉，2011）、精神文化生活（伍小兰，2009）、收入状况（韦璞，2006；伍小兰，2008）、养老意愿（褚湜婧、孙鹃娟，2010）、就业意愿（钱鑫、姜向群，2006）、健康状况与卫生服务（郭平等，2005；伍小兰等，2010）、居住安排（曲嘉瑶、孙陆军，2011）、生活照料（伍小兰，2009）。

北京大学国家发展研究院健康老龄与发展研究中心组织开展的"中国老年健康影响因素跟踪调查"，先后得到了美国老龄研究院、北京大学、国家社科基金、联合国人口基金、国家自然科学基金、香港研究资助局、德国马普研究院人口研究所等方面的资助，从1998—2014年完成了七次调查。该调查覆盖了全国22个省（市、自治区），从中随机选取了大约50%的县、县级市与区。在随机选中的调研地区，对所有的存活百岁老人在自愿前提下进行入户访问，并就近入户访问事先按该百岁老人编号随机给定年龄与性别的80—89岁及90—99岁老人各一名。自2002年起，已将调研的年龄范围扩大到65岁及以上所有年龄，并与中国社会科学院人口与劳动经济研究所以及台湾中研院社会学与经济学研究所合作，于2002年在8个省市增加了4478位老人的35—65岁成年子女子样本，2005年进行了跟踪调查。2008年的第五次跟踪调查增加了与被访老人无血缘关系的40—59岁对照组样本3412例，还在部分长寿地区进行了重点调查（曾毅等，2010）。

除上述调查外，其他规模较大的老年人口专项调查还有天津社会科学院社会学研究所组织的"中国九大城市老年人状况抽样调查"，该调查是国家社科基金七五重点课题"中国城市老龄问题及对策研究"内容之一，于1988年在北京、天津、哈尔滨、上海、武汉、成都、贵阳、西安、兰州九个城市按照多阶段分层定比随机抽样的方法调查近7000人，调查后出版了《1988年中国九大城市老年人状况抽样调查》（胡汝泉，1991）。北京大学国家发展研究院组织开展的"中国健康与养老追踪调查"（CHARLS）目的是收集能够代表年龄在45岁以上（包括45岁）的中国居民的数据。尽管调查对象为45岁以上人口，但也可看作是以老年人口为主的调查，该调查样本规模约10000户，17000人。CHARLS于2008年秋季在两省进行了预调查，2011年在全国28个省、市、自治区的150个县区开展调查，受访者17708人。此后每两年追踪一次。调查内容主要包括人口特征、家庭结构/转移、健康状况与功能、体检、医疗保健与保险、工作、退休和养老金、收入和支出、资产住房情况等（"中国健康与养老追踪调查"网站）。此外，2011年由全国妇联和国家统计局合作开展的第三期"中国妇女社会地位调查"，专门为65岁及以上老年受访者设计了老年专卷，获得规模为10581人的有效样本，对全国具有代表性。老年专卷包括老年人的经济、社会保障、婚姻家庭、健康、生活方式、法律和社会支持方面的内容（宋秀岩，2013）。

世界卫生组织自 2002 年起先后在世界不同国家开展了全球老龄化和成人健康研究（Study of Global Aging and Adult Health，SAGE）收集 18 岁以上的受访者数据，重点调查 50 岁以上人口，目前已经获得包括来自中国、加纳、印度、墨西哥、俄罗斯和南非等国家的全国代表性样本。该调查的中国样本为 14785 人，其中 50—59 岁的占 39%，60 岁以上老人约占 50%。SAGE 所收集的数据包括了收入、支出和转移支付、工作经历、健康自评、风险因素、卫生服务利用、健康体检、福利、幸福和生活质量以及生物样本等方面信息。由于这个调查使用了全球一致的调查问卷和调查方法，有利于进行相关的国际比较研究（"世界卫生组织"网站）。

实际上，除全国性的老年人口专项调查外，一些机构还开展了一些区域性的老年人口调查，如华东师范大学人口所的"上海市区老年人口基本状况和意愿调查"（1985）、北京市老年病医疗研究中心的"北京市老龄化多维纵向研究"调查项目（1992、1994、1997、2000）、北京宣武医院开展的系列老年疾病相关调查（高血压调查，1993；代谢综合征，2000；老年痴呆流行病学调查，2004）、中国社会科学院人口与劳动经济研究所的"山东农村养老保障现状与需求调查"（2008）等。这些调查对开展区域性的老年人口研究提供了丰富的资料。

老年人口研究的数据来源多样，除上述两类数据是常用数据外，还有一些其他相关调查数据可用于中国老年人口研究，如杜鹏（1992）利用美国人口普查局关于世界人口老龄化的研究报告数据分析了中国老年人口内部增长率的差异及其对抚养比的影响；黄成礼（2006）利用国家第二次卫生服务调查数据分析了中国老年人口的失能情况；杜鹏、杨慧（2008）利用第二次全国残疾人抽样调查资料分析了中国老年残疾人口的状况和康复需求。

三 结语

总之，随着数据的不断积累，中国老年人口研究的数据来源日益丰富，既有全国性数据，也有区域性数据；既有普查数据，也有抽样调查数据；既有一次性调查数据，也有跟踪调查数据；既有以所有年龄人口为调查对象的数据，也有以老年人口为调查对象的数据，为中国老年人口数据提供了良好的条件。但是，也必须认识到当前存在的一些问题：一是还要加强对现有数据的开放和开发利用。目前除了"中国老人健康影响因素调查"、"中国健康与养老跟踪调查"和世界卫生组织的 SAGE 以外，大部分调查的原始数据并未向公众开放，大量研究只能基于数据汇编而作，影响了研究的深度，也影响了数据使用的效率。二是要加强多数据的综合利用。目前基于单一数据来源的研究成果较多，多数据综合分析某一问题的研究成果相对较少，应该积极探讨多数据综合利用的方法，加强数据间联系和区别的研究。三是要注重理论研究和实证研究的结合，使各种调查发现能最终上升到理论高度，进一步丰富对中国老年人口的认识。

参考文献

1. 国务院第六次全国人口普查领导小组办公室：《什么是人口普查》，第六次人口普查官方网站，http：//www. stats. gov. cn/ztjc/zdtjgz/zgrkpc/dlcrkpcl。
2. 中华人民共和国国家统计局《关于 1987 年全国 1% 人口抽样调查主要数据的公报》，国家统计局官方网站，http：//www. stats. gov. cn/tjgb/rkpcgb/qgrkpcgb/index. htm。
3. 中华人民共和国国家统计局《关于 1995 年全国 1% 人口抽样调查主要数据的公报》，国家统计局官方网站，http：//www. stats. gov. cn/tjgb/rkpcgb/qgrkpcgb/index. htm。
4. 中华人民共和国国家统计局《2005 年全国 1% 人口抽样调查主要数据公报》，国家统计局官方网站，http：//www. stats. gov. cn/tjgb/rkpcgb/qgrkpcgb/index. htm。
5. 曲海波：《老化过程中的中国老年人口》，《中国人口科学》1989 年第 6 期。
6. 王树新：《中国老年人口就业分析》，《人口与经济》1990 年第 3 期。
7. 战捷、徐勤、王丰、金敏子：《中国老年人口的人口与社会特征》，《中国人口科学》1993 年第 6 期。
8. 杜鹏：《对两次普查间中国老年人口更替的分析》，《人口研究》1993 年第 3 期。

9. 邬沧萍、杜鹏：《中国人口老龄化：变化与挑战》，中国人口出版社 2006 年版。

10. 徐勤：《中国老年人口问题调查概要》，《人口学刊》1990 年第 3 期。

11. 田雪原：《中国老年人口宏观——1987 年全国 60 岁以上老年人口抽样调查分析》，《中国人口科学》1988 年第 5 期。

12. 杨子慧：《中国老年人口调查数据论证会述要》，《人口与经济》1988 年第 4 期。

13. 沙吉才：《中国城市老年人口文化和经济的相关分析》，《中国人口科学》1989 年第 5 期。

14. 熊郁：《中国老年人口家庭结构的主要特征》，《南方人口》1990 年第 1 期。

15. 王梅：《老年人口有生活自理能力的预期寿命分析》，《中国人口科学》1992 年第 5 期。

16. 中国老龄科学研究中心编：《中国老年人供养体系调查数据汇编》，华龄出版社 1994 年版。

17. 王梅、夏传玲：《中国家庭养老负担现状分析》，《中国人口科学》1994 年第 4 期。

18. 贾国平、陶鹰：《中国城镇老年妇女的经济状况和经济保障》，《人口与经济》1995 年第 5 期。

19. 李建民：《中国老年人口负担的经济分析》，《人口研究》1998 年第 6 期。

20. 于学军：《中国人口老化与代际交换》，《人口学刊》1995 年第 6 期。

21. 郭志刚、陈功：《老年人与子女之间代际经济流量的分析》，《人口研究》1998 年第 1 期。

22. 陈功、郭志刚：《老年人家庭代际流动类型的分析》，《南京人口干部管理学院学报》1998 年第 1 期。

23. 潘光祖、王瑞梓：《中国老年人口生活质量研究》，《人口研究》1995 年第 3 期。

24. 王树新：《中国老年人口经济和居住生活质量》，《人口与经济》1996 年第 2 期。

25. 姚引妹：《市场经济下老年就业和失业人口分析》，《中国人口科学》1995 年第 5 期。
26. 于学军：《中国老年人口健康研究》，《中国人口科学》1999 年第 4 期。
27. 姜晶梅：《我国老年人生活自理能力受损分析》，《人口学刊》1999 年第 2 期。
28. 王瑞梓、张丽珍：《老年人心理健康状况及其影响因素》，《南方人口》1996 年第 2 期。
29. 中国老龄科学研究中心编著：《中国城乡老年人口状况一次性抽样调查数据分析》，中国标准出版社 2003 年版。
30. 郭平、陈刚编著：《2006 年中国城乡老年人口状况追踪调查数据分析》，中国社会出版社 2009 年版。
31. 徐勤、魏彦彦：《从社会性别视角看老年贫困》，《市场与人口分析》2005 年增刊。
32. 乔晓春、张恺悌、孙陆军、张玲：《对中国老年贫困人口的估计》，《人口研究》2005 年第 2 期。
33. 王德文、张恺悌：《中国老年人口的生活状况与贫困发生率估计》，《中国人口科学》2005 年第 1 期。
34. 乔晓春、张恺悌、孙陆军：《中国老年贫困人口特征分析》，《人口学刊》2006 年第 4 期。
35. 王莉莉：《老年人闲暇活动的参与意愿及影响因素——基于 2000 年和 2006 年的对比分析》，《南京人口干部管理学院学报》2011 年第 3 期。
36. 韦璞：《我国老年人收入来源的城乡差异及其养老模式选择》，《重庆工学院学报》2006 年第 12 期。
37. 伍小兰：《中国老年人口收入差异研究》，《人口学刊》2008 年第 1 期。
38. 褚湜婧、孙鹃娟：《影响城市老年人养老意愿诸因素分析》，《南京人口干部管理学院学报》2010 年第 2 期。
39. 钱鑫、姜向群：《中国城市老年人就业意愿影响因素分析》，《人口学刊》2006 年第 5 期。
40. 郭平、程建鹏、尚晓援：《中国城乡老年人健康状况与卫生服务利用的差异》,《市场与人口分析》2005年增刊。
41. 伍小兰、李晶、王莉莉:《中国老年人口抑郁症状分析》,《人口学刊》2010年第5期。
42. 曲嘉瑶、孙陆军:《中国老年人的居住安排与变化:2000—2006》,《人口学刊》2011年第2期。
43. 伍小兰:《中国农村老年人口照料现状分析》,《人口学刊》2009年第6期。
44. 曾毅等:《老年人口家庭、健康与照料需求成本研究》,科学出版社2010年版。
45. 胡汝泉主编:《1988年中国九大城市老年人状况抽样调查》,天津教育出版社1991年版。
46. "中国健康与养老追踪调查"网站,http://charls.ccer.edu.cn/zh-CN/page/documentation/2011_national_baseline.
47. 宋秀岩主编:《新时期中国妇女社会地位调查研究》,中国妇女出版社2013年版,第一章总论。
48. "世界卫生组织"网站,http://www.who.int/healthinfo/systems/sage/en/index.html。
49. 杜鹏:《中国老年人口内部增长率的差异及其对抚养比的影响》,《人口学刊》1992年第2期。
50. 黄成礼:《中国老年人口的健康、负担及家庭照料》,《中国卫生资源》2006年第5期。
51. 杜鹏、杨慧:《中国老年残疾人口状况与康复需求》,《首都医科大学学报》2008年第3期。

中国老年健康影响因素
跟踪调查：1998—2014 年

柳玉芝　郑真真[①]

中国在 20 世纪末进入了老龄化的阶段，而当时中国还没有全国范围的老年人口健康与家庭、社会、经济、环境等综合性基础数据，尤其缺乏对 80 岁以上高龄老人情况的了解。为此，"中国高龄老人健康长寿影响因素研究"项目启动，于 1998 年在 22 个省、市、自治区进行了首次调查，此后又将调查范围扩展到 65 岁及以上老人，增加了老人的成人子女样本，并将调查名称改为"中国老年健康影响因素跟踪调查"[②]，英文缩写为 CLHLS。该研究项目由北京大学国家发展研究院健康老龄与发展研究中心曾毅主持，分别于 1998 年、2000 年、2002 年、2005 年、2008 年、2011 年、2014 年在全国 22 个省、市、自治区（辽宁、吉林、黑龙江、河北、北京、天津、山西、陕西、上海、江苏、浙江、安徽、福建、江西、山东、河南、湖北、湖南、广东、广西、四川、重庆）进行了七次调查，这些省、市、自治区的人口约占全国总人口的 85%。该调查样本对中国有代表性，且有长期对相同人群的跟踪，样本量大，调查质量较好，并向中外学术界免费提供数据，在老龄研究领域得到广泛应用。本文将简要介绍该调查的抽样方案、历次调查特点和主要调查内容，以及对调查数据的质量评估，使读者对这套数据有较为系统的了解。

[①] 柳玉芝，女，北京大学国家发展研究院健康老龄与发展研究中心研究员；郑真真，女，中国社会科学院人口与劳动经济研究所研究员。

[②] 关于该调查目的、研究设计和主要调查结果，参见曾毅《中国老年健康影响因素跟踪调查（1998—2012）及相关政策研究综述》，《老龄科学研究》2013 年第 1 期、第 2 期。

一 CLHLS 的研究设计特点

为了能够调查到足够多的高龄老人尤其是百岁以上的老人，该调查的抽样设计采用的是比较灵活的多阶段不等比例随机抽样方法。如果按照实际人口用等比例抽样的方法选取样本，将使样本高度集中在相对较低的年龄段及女性老人，从而使 90 岁以上的高龄老人，尤其是男性高龄老人因样本量太小而失去代表性及研究意义。基于以上考虑，该调查的具体抽样方法为（1）在 22 个省、市、自治区中随机选取了约 50% 的县、县级市、区；（2）在这些调研地区，入户访问所有存活的百岁老人；（3）就近访问 80—89 岁和 90—99 岁老人各一名，这两个被访老人是按照百岁老人编号随机选择年龄与性别后确定的。这样选取样本的基本思路是：入户访问调查的 80—89 岁及 90—99 岁老人分别与百岁老人被访人数大致相同，而 80—99 岁的各单岁男、女被访人数也大致相同。为了保证跟踪调查的连续性与不同时点的可比性，课题组在 2000 年、2002 年、2005 年、2008 年的跟踪调查中，对死亡老人按同性别、同年龄的原则就近递补样本。

2000 年的第一次跟踪调查，调查对象包括了分为 3 类的 5 个人群：（1）1998 年被访问的 80 岁及以上老人中到 2000 年调查时尚存活的高龄老人；（2）1998 年被访问的 80 岁及以上老人中到 2000 年调查时已去世的高龄老人，访问其亲属；（3）新增补的样本：调查区域内 1998 年不足百岁到 2000 年进入百岁的老人，存活老人现有的 80 岁及以上兄弟姐妹，1998 年被访问过到 2000 年调查时已去世和失访老人的替代样本。

课题组从 2002 年起，将调研的年龄范围扩大到 65 岁及以上所有年龄，除 80 岁及以上高龄老人外，新增了 65—79 岁老人子样本，65—79 岁老人的抽样与上述 80—99 岁老人抽样方法相同。2002 年和 2005 年在 8 个省、市、自治区（广西、广东、福建、江苏、浙江、山东、北京、上海）增加了 4478 位老人的 35—65 岁成年子女子样本。成年子女抽样原则为：如果被访老人有两个或更多符合条件的子女，则根据老人出生月份选择访问对象；例如，如果被访老人有两个子女符合条件，若老人在上半年出生就访问年长的子女，若老人在下半年出生就访问年轻的子女，以此类推。这种抽样原则操作简便,并可取得随机抽样的效果。

2008年跟踪调查与前几次不同的是,在原调查县、区中选取了广东三水、广西永福、海南澄迈、河南夏邑、湖北钟祥、湖南麻阳、山东莱州7个长寿乡做典型地区调查,称长寿地区,其他地区称为非长寿地区,分别于2008年和2009年对两类地区进行调查。在2005年调查范围的基础上,2008—2009年调查增加了与被访老人无任何血缘关系的40—59岁对照组的样本(对照组样本根据老人的出生月份和编号尾数选取,可以是老人的媳、婿等家庭中与老人无血缘关系的成员)。2009年在长寿地区的调查,增加调查了百岁老人60岁以上的子女。

2011年非长寿地区跟踪调查中,不再新增替补受访者,仅访问2008年曾接受调查、到2011年尚存活的老人以及2008曾接受调查到2011年已去世的老人的亲属(称纯跟踪)。2012年在8个长寿地区(增加了江苏如东)进行长寿地区调查,调查对象与2009年相同,并对死亡和失访样本进行了替补。

2014年在非长寿地区对2011年样本进行了跟踪调查,在8个长寿地区除了跟踪调查之外,还新增了老年人样本。

表1为历次调查样本规模简介。

表1　中国老年健康影响因素历次调查样本规模　　单位:人

调查年代及年龄范围	类型 跟踪	存活被访者 新增	合计	死亡老人
1998年基础调查,80岁及以上		8959	8959	
2000年跟踪调查,80岁及以上	4824	6337	11161	3348
2002年跟踪调查,35岁及以上	6243	14292	20535	3290
2005年跟踪调查,35岁及以上	11139	7440	18579	5908
2008年跟踪调查,40岁及以上	7475	12891	20366	5228
2011—2012年跟踪调查,40岁及以上	8405	1783	10188	5642
2014年跟踪调查,45岁及以上	6067	1125	7192	2881

由于CLHLS在样本设计时对高龄老人、男性老人、城镇老人进行了超比例抽样,所以当研究者利用该数据计算变量的均值或分布以反映调查省

份老年人口总体状况时，或进行不同组间比较时，需要使用权数。

二 主要调查内容

调查问卷的设计思路，首先确定了生活方式、社会环境、遗传、医疗条件四类决定健康的主要因素，经过多次反复讨论，设计了有关老年人的个人特征、家庭关系、生活自理能力、躯体功能、认知功能、生活方式、饮食、心理特征、社会和家庭支持照料等问题，共180多项。

各次调查问卷一直延续了核心框架和内容，每次调查时有变动或扩充。[①] 2002年和2005年的跟踪调查，在前两次调查问卷基础上，对存活老人调查问卷增加了20个方面的问项，对死亡老人调查问卷新增了5个方面的问项，增加了家庭动态社会调查问卷。2008年跟踪调查在2005年调查问卷的基础上，在65岁及以上老人调查问卷中的"语言，理解与自我协调能力"部分增加了两个问项，完善了简易精神状态评价量表（mms量表）；应用老年人调查问卷中的A.基本状况、B.个人背景及家庭结构和G.生理健康三部分组成了40—59岁的对照组调查问卷。2009年在长寿地区的调查内容则增加了长寿地区健康调查问卷和健康体检表。2011—2012年跟踪调查所使用的调查问卷以及数据收集内容基本上与前次调查相同，但新增了13个PhenX指标的数据（32个数据项）。

课题组对两次调查间死亡的老人，通过访问其家属进行回顾性调查，共收集了26297位65岁及以上已死亡被访老人的死亡年月、死因、死亡前健康状况、医疗和照料成本与生活质量等信息。

在问卷调查同时，课题组还对老人进行了最基本的健康体能测试，并在几次调查中采集了生物样本。在1998年的基线调查中，采集了4116名80岁以上高龄老人的指尖血样样本；在2008年调查时，从大约14000位年龄在40—110岁的被访者中收集了唾液DNA样本；在2009年和2012年的8个健康长寿典型调研地区的调研中，采集了约4800位被访者的血液和尿样

---

① 历次调查问卷请参见http://web5.pku.edu.cn/ageing/html/datadownload.html。北京大学健康老龄与发展研究中心为有兴趣使用CLHLS的学者，研究人员和研究生免费提供数据，详情请登陆北京大学健康老龄与发展研究中心网站，http://web5.pku.edu.cn/ageing/。

样本。

1998年基线调查时，收集了577个社区的信息，包括自然环境、人口、社会经济指标、环境质量（污染和灾害）等共30多项。

三　数据质量评估

"中国老年健康影响因素跟踪调查"在2004年对该项目1998年、2000年和2002年三次调查数据进行了系统的评估，重点为高龄老人年龄申报的正确性和有效性，主要健康变量的可信度和效度，代答、不应答和失访状况的分析。

（1）年龄申报的准确性。年龄申报是老年研究中的一个关键项目，随着年龄的增加，老年人的各种生理指标都会发生变化，年龄的准确性对这个调查来说至关重要，例如年龄高报会导致对高年龄段死亡率的低估，在人数较少的百岁以上老人中这个问题更为重要。课题组首先在问卷设计和调查过程中尽可能保证年龄申报的准确性，其次是在数据清理后对年龄申报的质量进行评估。

在调查过程中，课题组采用了多种方法确认被访老人的年龄：

• 在数据收集时使用了用户友善型表格，将被访老人申报的农历出生日期转换成公历日期。调查员对于老人年龄询问的是出生年月（而不是直接问年龄），调查结束后再通过计算其与调查日期之差得出被访老人的年龄，以避免由于计算虚岁的传统而引起混淆。

• 课题组还利用了与出生日期有关的其他信息，如家谱记录、身份证、户口登记手册等，来确认被访老人的年龄。

• 调查员与监督人员通过询问被访老人父母的年龄，兄弟姐妹的年龄，子女、孙子女的年龄以及被访老人结婚生育时的年龄等信息，进行进一步确认。

• 课题组在调查问卷中设计了一个附加问题，请每一位调查员对被访者的年龄有效性进行判断。

• 若被访者报告其年龄超过105岁，调查员就会到当地居委会或老龄委进行咨询予以佐证（一般社区对百岁以上老人都有备案记录）。

●此外，如果问卷中发现有任何年龄不准确或者其他逻辑问题，将针对这一特定问题进行再次入户访问或电话调查。

课题组应用了多种方法评估年龄申报的质量，包括：

●查阅已有的研究成果作为评价的参考依据。尽管该调查为中国首次研究重点为高龄老人的调查，还是可以与中国人口普查年龄的数据进行比对。寇尔和李少民（1991）曾经深入分析了中国人口普查数据，并与其他一些国家的老龄人口数据质量进行对比研究，发现中国汉族人口中高龄老人的年龄申报质量大体与西方发达国家相当。因此，对于调查样本中的汉族老年人，可以用中国人口普查数据作为参照进行比对。

●应用玛叶指数和韦伯指数测量少数民族老人的年龄申报质量，检验是否存在年龄报告的偏好。

●一些发达国家的人口动态记录有相当长的历史，统计系统比较完善，被公认为人口数据质量好；且不同人口中较高年龄的老人在死亡年龄模式方面差异较小，所以年龄结构应当极其相似。因此，将调查样本的老年人年龄结构与人口数据质量好的发达国家（如瑞典）相比对，如果年龄结构相似，可以认为调查样本的年龄质量较好。

●以某个质量好的年龄别死亡率作为参照，如果分年龄死亡率与参照人口的相似，则可以说明调查样本年龄申报正确且有效。

课题组将调查样本与瑞典、日本、英格兰和威尔士、澳大利亚、加拿大、中国、美国和智利的百岁老人的年龄分布以及老人年龄申报诸多指标进行对比，证明本调查中的老年人的年龄申报质量与瑞典、日本、英格兰和威尔士相比较差，与澳大利亚和加拿大的调查质量相似，比美国的类似调查质量略好，比智利的好得多。课题组的分析研究还发现，年龄申报误差随年龄增高而增大，105岁以下的汉族高龄老人的年龄申报质量与发达国家大致相当，而106岁及以上的老人年龄申报质量相对较差。

对于占总样本约7%的少数民族老年人，应用玛叶指数和韦伯指数的分析结果均表明，年龄申报质量属于"很好"。

课题组将该调查中1998—2000年和2000—2002年相邻两次调查间隔期间的分性别和分年龄死亡率与瑞典高龄老人死亡率的性别年龄模式进行比较，发现该调查的分性别分年龄死亡率模式合理，从另一个侧面说明该调查的年龄申报质量令人满意。此后的进一步研究表明，该调查在1998—2000年所得到的90岁之前的死亡率有10%左右的低估，其余相邻两次调查间隔期内各年龄上的死亡率没有低估现象。

（2）主要健康变量的信度和效度。主要健康变量包括日常生活自理能力量表、认知能力量表和工具性日常生活自理能力量表等常用于分析老年人健康的测量。由于这些量表都是国际通用的已经较为成熟的测量，还可以与国际上类似调查结果的数据质量进行比较。课题组对这些变量的信度和效度进行了分析。

对信度的评价应用了 Cronbach α 系数。该系数于1951年由 Cronbach 提出，用于反映内部一致性程度。以往研究显示，进行组间分析比较时，内部一致性程度至少应大于0.7；要进行个体间比较时，应大于0.9。对1998年、2000年、2002年三次调查结果的分析显示，日常生活自理能力和认知能力量表的内部一致性系数均达到了进行组间比较的最低标准，这些结果与国际上许多调查的结果非常接近，说明这些变量的调查质量较好。尤其是认知能力的测量，Cronbach α 系数均在0.9以上。2002年调查中增加了8项工具性日常生活自理能力的测量，其内部一致性系数在0.8以上。

对效度的评价主要围绕以上三套能力测量的趋同效度和鉴别效度。当量表有效时，组成量表的各个问题之间的相关程度较高，则认为其趋同效度较好；它们和与量表无关的问题之间相关性越小，则认为鉴别效度越高。日常生活自理能力测量吃、穿、室内活动、如厕、控制大小便和洗澡六个方面的功能，工具性日常生活能力也是测量日常生活能力，不过难度更大，如独自做饭、独自出行等。因而，如果这两套测量有效，它们之间不仅应该高度相关，而且它们与反映躯体功能的变量之间的相关性应高于与性格变量之间的相关性。通过相关分析发现，所有反映相同维度或类似维度的变量之间的相关系数都大于它们与不同维度变量之间的相关系数，说明这些变量的趋同效度和鉴别效度较高。

检验效度的另一种方法是通过因子分析查看对同类变量的回答是否基本一致。如果效度较高，因子分析结果就会将同类变量归为同一个因子，且这些变量的系数估计值比较接近。对日常生活自理能力、工具性日常生活自理能力和认知能力做因子分析后发现，这些测量变量的效度都比较好。

还有一些问题可能由于调查员的因素或录入错误导致，例如出现内部逻辑不一致的结果。在该调查中，出现了几类内部不一致的问题，如1998年调查结果中，有112位80—105岁老人出现生活完全不能自理，却能站着从地上捡起书的结果；还有50位老人的调查结果显示，他们生活完全自理，但不能从椅子上站起来，显然这些结果是自相矛盾的。不过三次调查中这类错误为极少数，内部逻辑型错误率超过1%的问项只有4项，而且错误率不高。应该不会对分析研究有重要影响。此外，跟踪调查发现有个别变量存在时序上的不一致，如2000年的调查发现约10%的高龄老人牙齿数多于1998年，但从生理上说这种现象几乎不可能。因此，在用牙齿数作为研究变量时就需要十分谨慎。

（3）不应答和信息缺失问题及其处理。不应答是反映数据质量的一个重要指标，会直接影响调查估计。

不应答可分为调查不应答（即拒访或不在现场）与问项不应答。由于很难测量调查不应答的误差，应尽量避免这种情况的发生。国外一些调查经验显示，老年人的不应答比例高于年轻人，在高龄老人中尤其低。在1998年、2000年、2002年三次调查中，中国老年健康影响因素跟踪调查的调查不应答比例较低，仅为4%，许多有残障的高龄老人也同意在代答帮助下参与调查。而65—79岁低龄老人中有些人不愿花费时间接受调查，不应答比例为5%。类似情况在日本的一项老年人调查中也发现过（可见，在不同的人群中调查不应答的情况会有所不同）。

对问卷中某些问题没有回答会影响调查结果的完整性。对问题没有回答可进一步分为"不知道"和"缺失"。一般来说，当涉及态度、感受和期望等问题时，高龄老人回答"不知道"的比例相对较高（"不知道"其实也是一种结果，而不是真正的缺失）。课题组用不同方法分析了问项不应答的情况：

• 问项不完整的比例。基于每个调查对象应回答的问题数和实际回答的问题数，计算得到分性别年龄以及总样本的问项不完整比例，该比例随年龄上升，在100—105岁组最高，平均为10%，但大大低于国外同类调查。课题组的质量评估报告中，列出了不应答比例大于2%的问项，以供数据使用者参考。其中父母死亡年龄的不完整比例最高，超过30%，因而对这类变量的使用需要格外谨慎。

● 如果缺失是随机现象，不会引起较大偏差；但如果不完全是随机缺失，在分析中忽视它们可能会产生偏差。因此，有必要检验和判断与缺失相关的因素。已有研究显示，问项不应答与年龄、性别、受教育程度、地理环境、城乡居住地等有关。课题组应用多元 logistic 回归，分析了与问项缺失相关的因素。分析结果发现，问项不应答与民族、婚姻状况、城乡居住地、认知功能、健康自评等有关，年龄较高、女性、城镇居民、少数民族、目前无偶、健康状况较差的高龄老人容易有不完整问项。

有研究认为，问项不完整对结果的影响并不取决于回答了问题和没有回答问题两群人之间的差异（即 A 与 B 两组人的差异），而是取决于回答了问题和所有应回答该问题两个人群之间的差异（即 A 与 A+C 两组人的差异），当不应答比例较低时 [即 C/（A+C）很小]，即使不应答与某些特征有关，也不会对研究结果产生较大影响。

可以用加权方法处理调查不应答；用缺失值替代方法处理问项不应答。下段介绍了该调查样本加权问题。对于问项不应答问题，有学者建议当缺失比例小于 2% 时，用均值替代；当缺失比例在 2%—5% 之间时，用最大似然估计替代；当缺失比例大于 5% 时，用多项回归替代（multiple imputation）。

（4）样本加权问题。由于中国老年健康影响因素跟踪调查数据在样本设计时对高龄老人、男性老人、城镇老人进行了超比例抽样，所以，当研究者利用本调查的数据计算变量的均值或分布以反映调查省份老年人口总体状况时，或进行不同组间比较时，需要使用权数。[①] 当研究者只是对样本状况进行描述且不进行群体间比较时，可以不用权数。在多元回归中，只要研究者将年龄、性别和城乡变量加以控制，可以不用权数。实证研究发现，当样本权数是因变量的函数时，非加权的结果存在一定偏差。所以，必须要用权数。当权数仅是自变量的函数时，对回归中是否使用权数存在不同看法。根据研究经验，当权数不是因变量的函数时，加权结果和非加权结果在多数情况下是相似的。

---

① 权数设计详见《中国高龄老人健康长寿调查数据集（1998）》，北京大学出版社 2000 年版，第 12—13 页。

分家对老年人死亡风险的影响

——基于中国多世代人口数据库（双城）

王 磊[①]

一 问题的提出

在我国，分家既是一项重要的家庭事件，也是家庭制度的重要方面。在新中国成立、集体化时代和开放时代等不同时期，分家具有差异化的表征和深层机制。研究者一方面分析分家表现的变化，另一方面也探究分家变化的原因（阎云翔，1998；王跃生，2003）。分家研究已经形成了两种分析路径：一种是外生的研究思路，它强调宏观层次的社会变迁对于分家的影响和实践机制；另一种是内生的分析视角，它从家庭代际关系的变迁来理解分家（姚俊，2013）。

显而易见，无论是对于分家表现、分家内容和分家民俗的分析，还是针对代际关系变化对于分家的影响分析，现有研究都是将分家作为被解释变量。很少有系统研究将分家作为解释变量（Cameron Campbell & James Lee，2000）来直接探究分家如何影响家庭成员个体健康、家庭关系、代际关系和社会稳定。

代际关系是理解分家的重要因素，分家也必然对代际关系有重要影响。分家具有"分爨"和"分产"两个基本特征，其中"分爨"的意义要大于

---

① 王磊，男，中国社会科学院人口与劳动经济研究所副研究员。

"分产",只有分爨后独立的生活单位才能成为新的家政和消费单位(王跃生,2002)。可见,分家的直接结果是"分爨"和"分产",既从生活层面上分开,又从经济层面上分开,从而全方位地影响着经历分家事件的家庭成员。处于不同生命周期和不同代际位置的家庭成员所受到的分家影响存在差别。分家导致家庭规模缩小、家庭支持弱化,渐渐老去的亲代也在逐渐丧失家庭事务主导权,他们的生活质量和健康水平可能会进一步劣化;而正值青壮年的子代因分家而获得了发展自身小家庭的自主地位和独立财产,一定程度上摆脱了部分家庭负担,他们的生活质量可能会因之改善。

那么,分家是否会影响到亲代老年人的健康?分家对不同性别和家庭角色的老年人的健康是否会产生差异化的影响?在养儿防老文化习俗长期盛行的传统中国社会,分家将会对老年人的健康产生何种影响?本文试图对以上问题做出探索性的回答。

中国多世代人口数据库(双城)为这项探索性工作提供了合适的数据支撑,本文将使用该数据库考察晚清东北双城旗人社会中的分家与老年人死亡风险,从而比较系统地分析传统中国社会中的分家与老年人健康之间的关系。

二 研究设计

(一)研究数据

本文研究数据是中国清代双城多代人口数据库(China Multi-Generational Panel Dataset–Shuangcheng),是李中清与康文林工作组建立的中国清代及民国初年(1866—1913年)人口数据库,包含10万余人的近135万条记录(338本户籍册,1346829个观测,108100个个体)。数据库的原始资料为清代吉林将军双城堡旗人户口册,详细追踪记录了京旗、屯丁和浮丁三类旗人的人口和家户土地持有数量信息,是连续的人口与社会经济动态信息,具有长时段性、多代性与多层面结构性的特点,包含个人、家庭、亲族、社区、行政单位及地区等多个层面的立体信息。中国多代人口数据库现阶段主要由两个子数据库组成,即中国辽宁多代人口数据库(China

Multi – Generational Panel Dataset – Liaoning）与中国双城多代人口数据库。中国辽宁多代人口数据库及用户指南现已经通过美国密歇根大学 ICPSR 数据中心向世界免费开放，相关材料的中文版可在上海交通大学东北历史与社会研究中心网站下载。中国双城多代人口数据库的用户指南英文版初稿也可从康文林教授的个人主页上进行查阅。

清嘉庆年间（1796—1820 年），朝廷为了解决北京闲散旗人的生计问题，曾令吉林将军富俊"勘察地亩，以备京旗移垦之用"。经富俊筹备后，在双城地方开垦荒地 9000 余垧，安置满洲旗人数百户，几千人，史称"京旗移垦"（李德滨、石方，1987）。嘉庆二十一年（1816 年）初在双城建中屯，八个旗营，共 40 个旗屯，称陈营子，按五行方位设置，正黄旗居西北，镶黄旗居东北，正红旗、镶红旗在西，正白旗、镶白旗在东，正蓝旗在东南，镶蓝旗在西南（见图 1）。嘉庆二十四年（1819 年）建左、右二屯，

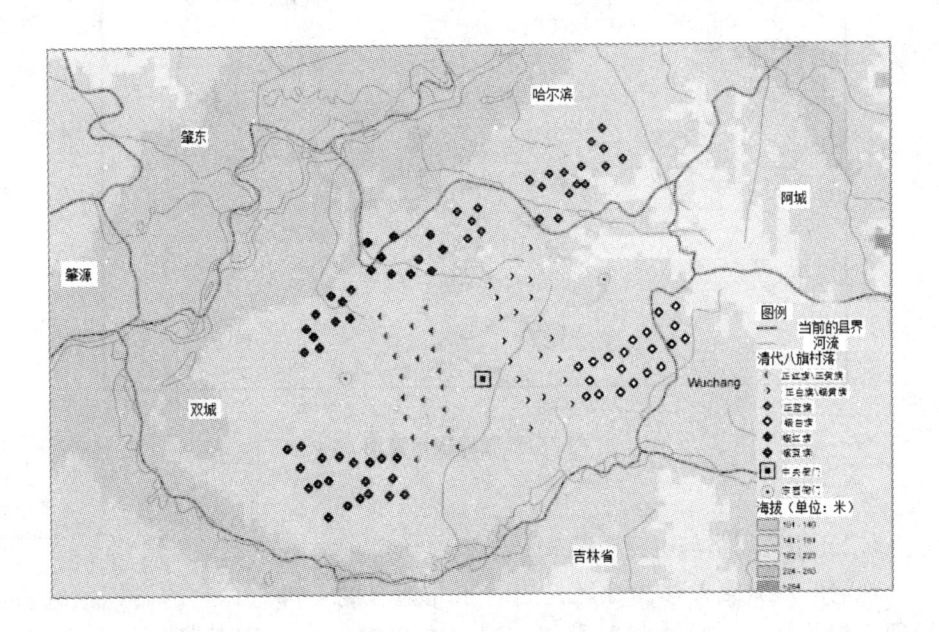

图 1　晚清双城八旗村落分布的地理示意图

注：图片来自 Wang Hongbo, Shuang Chen, Hao Dong, Matt Noellert, Cameron Campbell and James Z. Lee, 2013, China Multi – Generational Panel Dataset, Shuangcheng（CMGPD – SC）1749 – 1909, User Guide. Ann Arbor, MI: Inter – university Consortium for Political and Social Research。笔者将图片中的英文转换成中文。图 2 和图 3 处理方式相同。

各建八个旗营子，共41个旗屯，称新营子。清政府为吸引在京旗人到关外垦殖，每户给治装银三十两，补贴银十五两，官给马车房屋及受领熟地二十垧（李德滨、石方，1987）。

图2是双城地理示意图，它显示了迁入双城人口的迁出地。图3的户籍册是中国清代双城多世代人口数据库的数据来源，它包含了大量的人口、家庭和社区组织信息，比如旗属，村属，民族，户主的姓名、年龄与职位，家庭成员及年龄，生命事件（出生、死亡和婚嫁等）等大量信息。

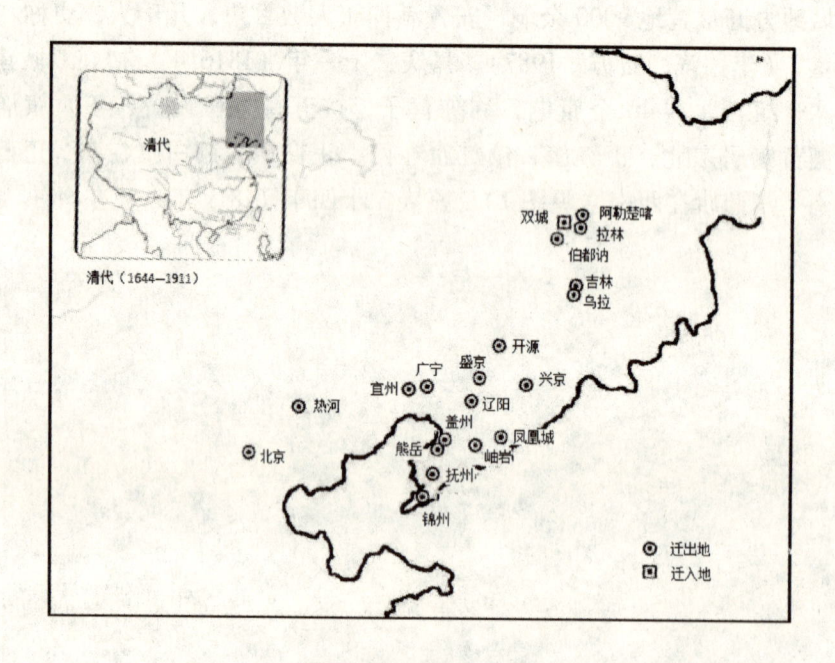

图2 双城地理示意图

（二）研究思路与研究假设

晚清的双城旗人移民社区是当时东北地区的一部分，它的婚姻家庭特征理应与东北地区整体状况类似。清代东北盛行"聚族而居"的大家庭，家庭规模以5—8人的中等家庭居多，同时存在一些几世同堂、人口众多的大家庭。大家庭形成原因主要有三点：一是原有东北民族聚族而居的传统；二是清政府维护大家庭制度的法律规章制度；三是外来移民在移居地安居的需要（赵英兰，2011）。但是，至晚清时，东北家庭规模逐渐变小，因家庭债务而引发的家道衰落、家庭内不同婚姻单元的家庭成员不和、家户太大而家屋有限以及对家长权力的僭越和对财产平等占有的渴望等都是分家的主要因素（赵英兰，2011）。可见，晚清东北大家庭盛行的同时，分家也是不能避免的家庭事件。

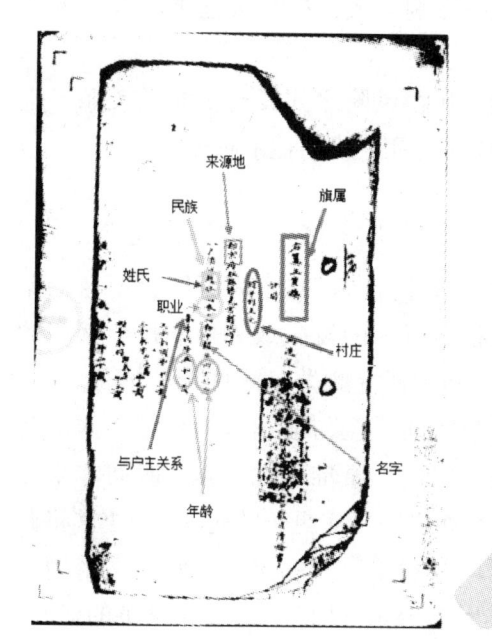

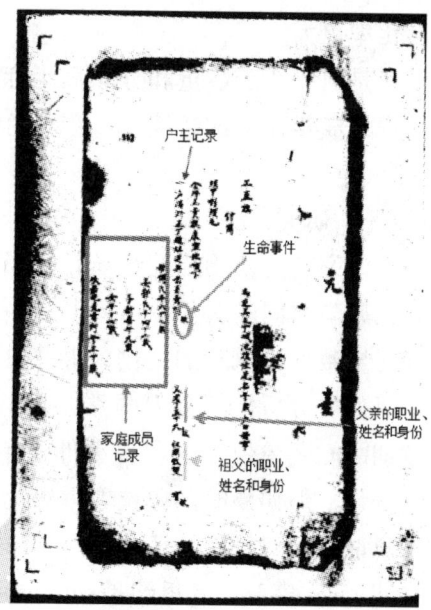

图 3 晚清双城户籍册

　　土地是晚清东北社会中的重要生产生活资料，而分家的重要内容之一是"分产"，分割大家庭的土地是分家的必然组成部分。分家之后，每个小家庭所分得的土地少于分家之前的大家庭，分家之后的中老年父母所占有的土地减少。尤其是当父母只有一方在世时，虽然仍有子代负责种植"养老地"供给在世父母，但是由于分家导致的"分爨"，老年父母的生活水平和家庭支持也或多或少地弱化了。同时，传统社会是男尊女卑的父权社会，分家将导致男性老年人丧失更多的权力和资源，因此男性老年人所受到分家的健康影响可能更大。分家虽然导致原生家庭的不断分裂和最终解体、分家后形成的各个新家庭的家庭规模变小、家庭抵御风险的能力下降，但对代际关系中的赡养和养老原则并不会有实质性改变。儿子承担老年父母赡养责任的原则不会发生改变。

根据以上分析，本研究提出以下三条假设：

一是分家将会降低老年人健康水平，提高老年人的死亡机会比率更大。

二是分家对男性老年人的负面健康影响更大，提高男性老年人的死亡机会比率更大。

三是成年儿子数量和分家后老年人死亡风险之间具有负相关关系。也就是说，成年儿子数量越多、亲代老年人的死亡机会比率越低。

(三) 研究方法

本研究主要使用描述性统计分析和事件史分析技术来考察分家与老年人死亡风险之间的关系。人口行为、社会行为的发生或人口、社会状态的改变会导致死亡风险的变化，事件史分析是研究此类问题的传统方法。

事件史分析模型分为两类，即离散时间模型与连续时间模型。这涉及持续期的时间单位，隐含着事件发生时间的测量准确性问题。时间本来是连续变量，但如果时间单位取得很大（如以一年或更长的时间），通常将其作为离散时间对待。由于本研究数据的时间单位是一年，因此本文采用离散时间 Logit 模型，其思路是：P (t) 代表某人在时间 t 上发生某事的概率。可以运用下列 Logit 模型方程简化式拟合观察数据：

$$\ln \frac{P(t)}{1-P(t)} = a(t) + b_1 x_1 + b_2 x_2(t)$$

其中，x_1 代表一般自变量，$x_2(t)$ 代表动态自变量，$a(t)$ 是截距，只要模型中还有代表不同时期的虚拟变量，它便会随时期变化。这样，我们就可以应用常规 Logistic 回归进行系数估计和检验，解释各自变量对事件的影响（郭志刚，2001）。在其他解释变量保持不变的情况下，模型估计的解释变量系数指的是该变量变动一个单位（unit）时机会比率（log – odds ratio）的变化。

数据库中的变量 at_risk_die（存在死亡风险）和 next_die（下一年登记记录为死亡）是使用离散时间事件史分析技术（discrete – time event – history analysis）的基础条件。被解释变量是 next_die，即下一个户口册登记记录的生命状态登记情况，如果死亡则赋值为1，如果没有死亡则赋值为0。主要解释变量包括 next_fenjia（下一年户口册登记记录是否分家，分家赋值为1、不分家赋值为0），sex（性别，男性赋值为1，女性赋值为0），age_in_sui（年龄），year（年份）和儿子数量（son_count）。

三 分析结果

（一）分家及其影响因素

首先，不同年龄群体所经历分家的比例存在差别，处于不同生命历程阶段的人口将会面临不同程度的分家风险。个体未成年时的分家行为由亲代与祖代之间的分家实践所决定，个体比较被动；而个体青壮年或中老年时的分家行为由本代与亲代之间的分家实践所决定，个体主动性较强。

其次，分家行为具有性别差异。从父居和从夫居是我国传统居住模式，女性婚前所经历的分家主要是由父母所主导，女性婚后所经历的分家则主要是由丈夫、丈夫兄弟和公婆等主导。

最后，我国传统社会中，分家并非都发生在家长去世之后，王跃生对18世纪中国家庭的研究表明，有一定数量的分家是父母在世时发生的，占调查个案总数的45.70%。分家实践也和成年兄弟数量、分家方式（一次性分家或分数次分家）有直接关系。

图4和图5说明：（1）随着年龄的增长，分家的比例在逐渐降低；（2）分家模式上存在性别差异，随着年龄的增加，女性经历分家的比例先升后降，男性经历分家的比例逐渐下降；（3）男性经历分家的比例略高于女性；（4）男女在每一年龄上的分家比例都很小，最小值不到1%，最大值不超过3.5%。

本文将50—70岁年龄的人口定义为老年人口，主要考虑如下：一是晚清东北的社会经济发展水平和客观生活条件决定了当时的人口预期寿命较短，50岁以上人口可以认为是属于老年人群体了；二是中国多世代人口数据库（双城）对于70岁以上人口的死亡记录不是非常准确，因此将老年人年龄上限定为70岁。

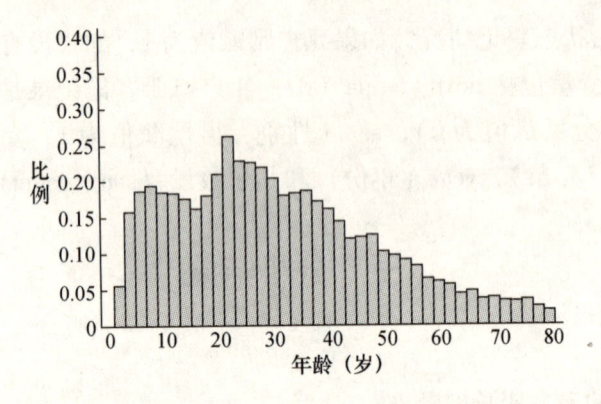

图4 女性分年龄分家比例

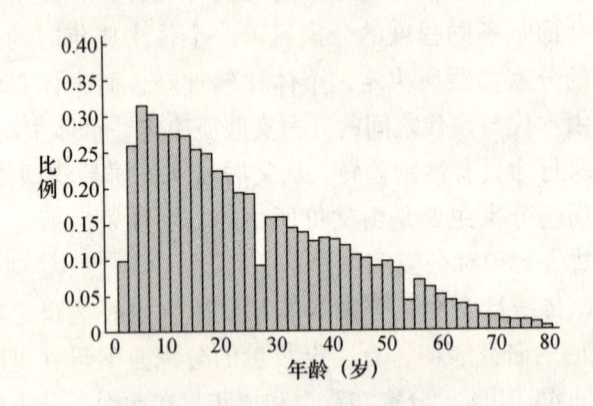

图5 男性分年龄分家比例

表1说明，对于50—70岁老年人而言，他们的父母均在世的比例不到4%、父亲在世的比例不到4.5%、母亲在世的比例不到8%、父母均不在世的比例达到了92.3%。表1说明对于50—70岁老年人而言，他们所经历的分家绝大部分是与自己成年儿子（们）的分家。

表1　50—70岁老年人的父母存世状况　　　　　　单位:%

	母亲去世	母亲在世	合计
父亲去世	92.30	3.22	95.52
父亲在世	0.51	3.97	4.48
合计	92.81	7.19	100

数据分析表明，晚清双城旗人社会里 50—70 岁老年人的儿子数量构成如下：23.5% 的老年人没有儿子，37.4% 老年人有 1 个儿子，有 2 个、3 个、4 个、5 个和 6 个及以上儿子的比例则分别为 28.4%、5.6%、3.2%、1.3% 和 0.8%。笔者认为，只要有成年儿子，老年人就存在与儿子分家的风险，儿子越多则分家的风险越大。

表 2 展现了 50—70 岁老年人儿子数量与分家风险的关系：随着儿子数量的增加，分家的风险也在增大。只有 1 个儿子时，户口册下一年登记记录为分家的比例仅为 0.35%，而当有 5 个及以上儿子时，下一年登记记录为分家的比例则达到了 6.16%。没有儿子则下一年登记记录为分家的比例是 0.4%，这可能是老年人与自己父母分家的情况。

表 2　　　　　　　　50—70 岁老年人的儿子数量与分家　　　　　　单位：%

下一年登记记录是否分家	儿子数量（个）					
	0	1	2	3	4	5+
不分家	99.6	99.65	99.4	97.15	95.93	93.84
分家	0.4	0.35	0.6	2.85	4.07	6.16
合计	100	100	100	100	100	100

表 3 中的模型 1 和模型 2 反映了儿子数量与男性分家风险的关系。模型 1 和模型 2 的被解释变量都是分家（下一年记录登记为分家的赋值为 1，没有分家的则赋值为 0）。两个模型的结果均表明，在控制年龄和年代之后，与没有儿子相比，儿子数量越多，分家的机会比率越大。不过，对于 50—70 岁男性老年人而言，与没有儿子的情况相比，有多个儿子（3 个及以上）时分家的机会比率要大；与没有儿子的情况相比，有 1 个或 2 个儿子时分家的机会比率要小。

（二）分家对死亡风险的影响

图 6、图 7、图 8 和图 9 显示了分家与死亡风险的关系。清代法律规定女性和男性的最低结婚年龄分别为 14 岁和 16 岁，因此，以下四幅图的横轴（年龄）的起始值都设定为 14 岁。

表3　　　　　　　　　　影响男性分家的 Logit Model 估计结果

	模型1（25—70岁）		模型2（50—70岁）	
	系数	标准误	系数	标准误
儿子数量（0个）				
1个	0.1501***	0.041	-0.475***	0.113
2个	0.013	0.043	-0.520***	0.105
3个	1.5501***	0.047	1.628***	0.104
4个	1.8561***	0.055	1.828***	0.111
5个及以上	2.4401***	0.058	2.260***	0.111
年龄	-0.0481***	0.001	-0.035***	0.005
年份	0.0201***	0.001	0.014***	0.002
截距项	-39.7261***	1.985	-29.955***	4.236
观测量	427443		158905	
伪 R^2	0.0811		0.1135	

注：***、**和*分别代表显著性小于0.001、0.01和0.05。

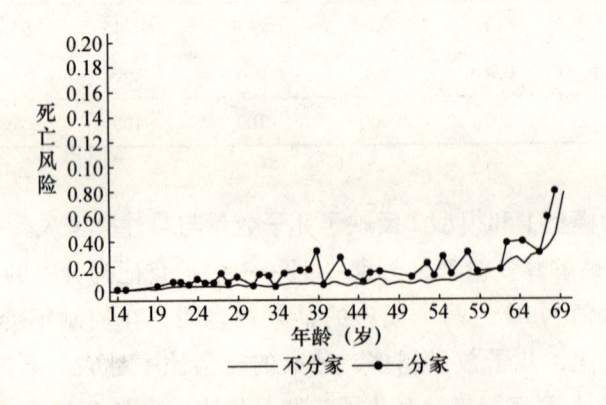

图6　女性分年龄是否分家的死亡风险

图6说明，对于女性而言，在14—70岁的几乎每一年龄，分家的死亡风险都要超过没有分家的死亡风险。而且，随着年龄的增加，分家与不分家的死亡风险之间的差别表现出逐渐增大的趋势，50岁以上经历分家的老年女性的死亡风险明显高于没有分家的死亡风险，在部分年龄上前者几乎是后者的2倍。这符合本文的研究假设一，即分家将会提高老年人死亡

风险。

比较图6和图7,可以发现,男性经历分家与没有经历分家的死亡风险模式与女性基本一致。与女性的不同之处在于,50岁以上经历分家的老年男性的死亡风险更加高于没有经历分家的老年男性的死亡风险。这个差别符合本文的第二条假设,分家对男性老年人死亡风险的提高效应更明显。

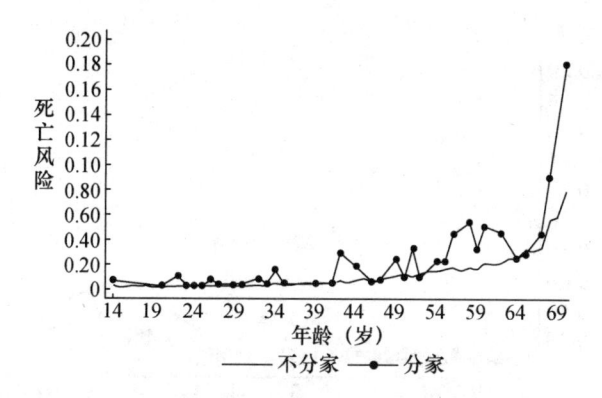

图7　男性分年龄是否分家的死亡风险

图8展现了男性和女性在14—70岁年龄区间内分家与不分家的死亡风险,在35岁之前,分家死亡风险的性别差异不是十分明显。但是,这个差异在35岁之后开始逐渐显现。50岁之后,经历分家的男性的死亡风险基本上都处于最高位次,而经历分家的女性和没有经历分家的男性二者的死亡风险比较接近,没有经历分家的女性的死亡风险最低。这些特征同样也直观地验证了研究假设二,即分家对男性老年人死亡风险的提高作用更明显。

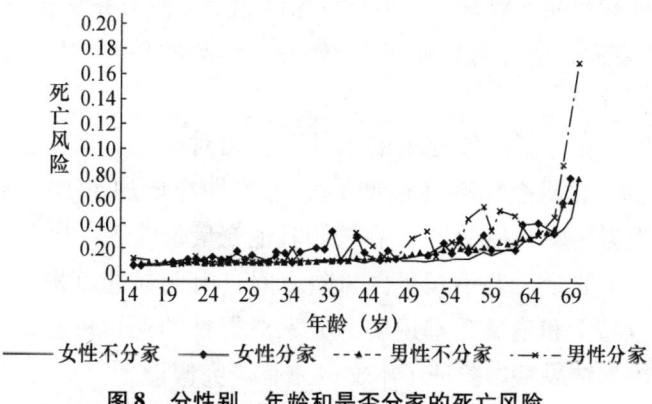

图8　分性别、年龄和是否分家的死亡风险

图 9 直接比较了年龄在 14 岁和 70 岁之间的男女在分家后死亡风险的差别。更为明显的差别在于，在大约 40 岁之前时，经历分家的男性的死亡风险基本上要低于经历分家的女性，而在 40 岁之后，情况恰好相反，经历分家的男性的死亡风险基本上要高于经历分家的女性的死亡风险。这再次验证了研究假设二，即分家对男性老年人死亡风险的提高作用更明显。

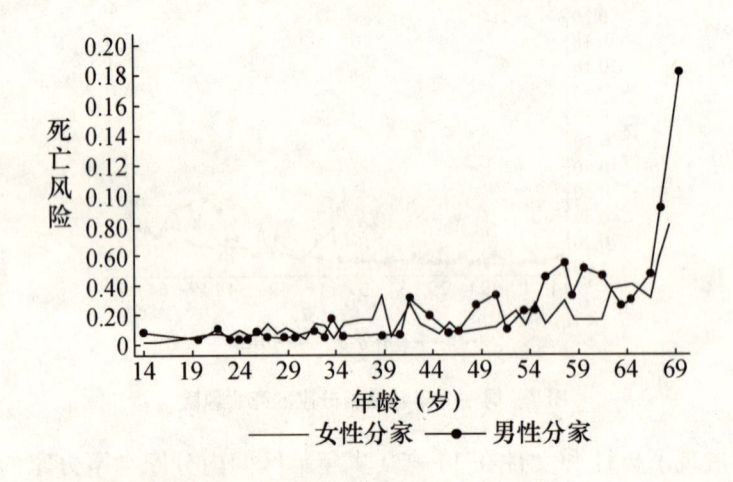

图 9　分性别分年龄分家的死亡风险

接下来，本文建构了两个 Logit Model 来估计分家对于人口死亡风险的影响（见表 4）。死亡风险是被解释变量，当户口册下一年记录仍登记为存活时该变量赋值为 0，当下一年记录登记为死亡时则该变量赋值为 1。主要解释变量是分家和儿子数量，其中，分家赋值为 1，未分家赋值为 0。性别（二分类虚拟变量，女性为参照组）、年龄、年龄的平方、年龄的三次方和年份为控制变量。

结果表明，在控制其他变量的条件下，相对于未分家的情况，分家增加了 35.2% 的死亡机会比率（模型 1），分家同样增加了 50—70 岁老年人 38.1% 死亡机会比率（模型 2）。在控制其他变量条件下，对于 50—70 岁老年人而言，儿子数量与老年人死亡风险之间具有明显的负相关关系（模型 2）。另外，模型 1 和模型 2 都说明，分家对男性的死亡机会比率的增加效果更明显。模型结果基本验证了本文的三个研究假设。

表 4　　　　　　　分家对于死亡风险影响的 Logit Model 估计结果

	模型 1（1—70 岁）		模型 2（50—70 岁）	
	系数	标准误	系数	标准误
分家（未分家）	0.352***	0.048	0.381**	0.141
性别（女性）	0.832***	0.014	0.891***	0.025
年龄	-0.145***	0.003	42.140***	0.788
年龄^2	0.004***	0.000	-0.713***	0.013
年龄^3	-0.000***	0.000	0.004***	0.000
儿子数量			-0.618***	0.022
年份	-0.044***	0.001	-0.009***	0.001
截距项	78.680***	1.018	-813.745***	16.166
观测量	1233182		331445	
伪 R^2	0.0860		0.1445	

注：***、**和*分别代表显著性小于 0.001、0.01 和 0.05。

四　小结与讨论

　　分家是传统中国社会中的重要家庭制度，它直接改变了家庭形态和家庭结构，也在一定程度上改变了家庭代际关系。分家对老年人生活具有很大影响。随着分家的最终完成，老人与儿子（们）完全分爨分产之后，他们的生活状态将发生重大改变。惯常生活方式、生活状态和生活习惯的改变会影响到老年人的健康状况，从而也会影响到老年人的死亡风险。

　　本文使用了基于户口册开发出来的历史数据库——中国多世代人口数据库（双城），应用离散时间事件史分析技术，研究了晚清东北地区双城旗人社会中的分家与老年人死亡风险。分析结果表明：分家提高了老年人的死亡风险，尤其对男性老年人死亡风险的增加更为明显；虽然分家提高了老年人死亡风险，但儿子数量越多老年人死亡风险越低，传统社会中儿子在提供父母养老资源方面具有重要作用。

　　作为一项重要的家庭行为，分家不仅影响着家庭和个体，也会影响到社会。历史与现实生活中，因分家而引起的家庭矛盾和代际冲突并不罕见。与以往众多研究直接聚焦分家行为、分家模式和分家制度不同，本文主要考察了晚清东北旗人移民社会中分家对于老年人死亡风险的影响。虽然婚姻与家庭行为对于个体健康影响的研究并不鲜见，但是针对分家行为如何影响老年人死亡风险的分析却不多见。分家与老年人死亡风险之间究竟存在什么样的关系并无定论，两者之间的关系在历史和现实、传统和现代之间存在怎样的差别也尚未可知。本研究更多是一项探索性尝试，更深入的研究需要未来更多的努力。

鸣谢：

感谢国家社会科学基金项目《清代中期以来东北地区人口与社会历史资料整理研究》（立项号：11BZS087）对《使用指南》中文翻译版本的资助，也十分感谢上海交通大学人文学院、历史系和中国东北历史与社会文化中心在2012年"中国清代多代人口数据库暨社会人口学研究暑期学校"组织过程中提供的各种帮助。感谢中国社会科学院人口与劳动经济研究所主办的《人口老龄化相关研究：数据与分析方法》学术研讨会及与会者的建议。

参考文献

1. 阎云翔：《家庭政治中的金钱与道义：北方农村分家模式的人类学分析》，《社会学研究》1998年第6期。
2. 王跃生：《集体经济时代农民分家行为研究——以冀南农村为中心的考察》，《中国农史》2003年第2期。
3. 姚俊：《"不分家现象"：农村流动家庭的分家实践与结构再生产——基于结构二重性的分析视角》，《中国农村观察》2013年第5期。
4. Cameron Campbell and James Lee, *Causes and Consequences of Household Division in Northeast China*, 1789 - 1909，载《婚姻家庭与人口行为》，北京大学出版社2000年版。
5. 王跃生：《20世纪三四十年代冀南农村分家行为研究》，《近代史研究》2002年第4期。
6. 李德滨、石方：《黑龙江移民概要》，黑龙江人民出版社1987年版。
7. 赵英兰：《清代东北人口社会研究》，社会科学文献出版社2011年版。
8. 郭志刚：《历时研究与事件史分析》，《中国人口科学》2001年第1期。

出生队列效应下老年人健康指标的生长曲线及其城乡差异

李 婷 张闫龙[①]

一 研究背景

伴随着生育率和死亡率的同时下降，人口的快速老龄化成为我国社会面临的严峻考验之一。根据国家统计局公布的第六次全国人口普查数据，中国60岁及以上人口比例为13.26%，比2000年上升2.93个百分点（冯慧阳，2011）。预计到2050年，老年人口比例（60以上）将达到31%（United Nations，2009）。众所周知，随着年龄增加，人体各项机能迅速老化，随之而来的是病痛与功能丧失的扩大化。激增的老年人口将给社会养老，医疗卫生事业带来极大的压力。而对健康医疗负担的准确估计则在很大程度上取决于对老年人主要健康指标（比如，自我评估健康水平、认知能力和日常活动能力等）变化趋势的科学推算和预测。

除了健康变化的绝对趋势，健康指标在不同社会分层维度的相对变化趋势也是学者关注的重要问题。城乡差异是中国社会分层的一个重要维度。在老龄化过程中，农村的状况比城市更加严重。一方面，农村地区既有老龄人口基数相对城市大：农村老龄人口规模是城市的1.69倍；另一方面，人口流动带来的农村年轻人口的流出，进一步加深了农村人口老龄化的程

[①] 李婷，女，中国人民大学人口与发展研究中心副教授；张闫龙，男，北京大学光华管理学院讲师。

度：农村 60 岁以上人口比例是城市的 2.3 倍（陈昱阳，2011）。此外，由于农村地区在经济教育资源分配上的劣势地位，农村老人的大部分健康指标都落后于城市老人（李志武等，2007；谷琳、杜鹏，2007；黄三宝、冯江平，2007；齐良书，2006）。近些年来，为了改善农村人口在健康医疗上的劣势，国家加大力度完善农村的医疗保障体系，农村医保覆盖率显著上升（Qu 等，2012）。如果要对政策效应进行准确的评估，我们首先得明晰老年人的健康状况在城乡之间的差异近些年来是趋于扩大还是缩小。

估算健康指标的变化趋势，无论是绝对还是相对，难点都在于这些趋势会受到多重、多维度因素的影响。依据所选择的数据形态和观察角度不同，所得的集合趋势也不尽相同。就人口学来说，最重要的时间维度是年龄、出生队列以及时期。以往研究大多依赖于横截面数据从时期角度观察，而忽视年龄和出生队列效应在此类数据中的相互混合干扰。横截面数据被广泛采用的原因在于其来源较广，通常所涵盖的年龄跨度比较大，便于研究年龄效应。但是采用这类数据的研究不得不忽略队列的差异性，其暗含的假设为健康以及健康在各类社会分层中的差异变化在所有出生队列中是一致的。这样的假设在社会、科技、医疗以及经济迅猛发展的近 100 年较难成立。就像 Ryder（1965）指出的那样，出生队列这一概念已经超出人口学范畴，可以作为研究社会集合（social class）的一种替代变量。不同出生队列因为经历不同的时期，其生理以及心理健康发展状况可以反映出相应阶段的社会变化与时代特征。因此，队列效应不仅是一个不可忽视的因素，更是探索社会变迁对健康影响的重要指标（Yang 等，2009）。在实际研究中，忽略队列效应的直接后果是可能造成所得健康随年龄变化趋势在不同数据结构中不一致。另外，在探索城乡差异的变化趋势时，以队列的角度比时期角度更能反映其中的机制和规律性。从时期角度上观察的变化通常受数据年龄结构影响而波动性较大；而以队列为基础的变化趋势往往更加稳定。以往研究表明，基于队列变化的预测比基于横截面趋势的预测更准确（Reither 等，2011）。

随着观察数据的持续丰富和分析方法的不断进步，对某些类型的数据引入队列分析成为可能。队列分析的作用在于将数据中所展示的时间变化分解为年龄和出生队列两个维度。其中，年龄维度更多体现在确立与真实生理变化相关的影响，而队列维度则显示与外界社会环境相关的历史烙印通过生命历程产生的累积影响。不同社会分层之间的差异变化，也同样可以被分解并投射在这两种维度之上，用以理解内外原因以及生理和社会因素在差异的产生和进化过程中的作用。被以往研究证实可行的方法之一，是借助多个出生队列的纵向追踪数据来分离年龄与队列效应（Raudenbush，2002；Yang，2007；Yang 等，2009）。多个出生队列的纵向追踪数据是一种面板数据（见图1），它提供了多重队列的连续纵向观测，致使相邻的队列有重合年龄段的观察。比较这些重合的年龄段为区分队列效应提供了条件。本文将利用中国老年健康影响因素跟踪调查（CLHLS）数据的多重队列纵向追踪设计来分析老年人几大健康指标，包括自我评估健康水平、心理健康水平、认知能力和日常活动能力（ADL）随年龄和队列变化的趋势以及这种趋势在城乡间的差异。研究的重点是在充分考虑队列效应的前提下，估算年龄对健康的真实影响，探索城乡健康不平等的产生机制以及这种机制在人的生命历程中的发展轨迹。

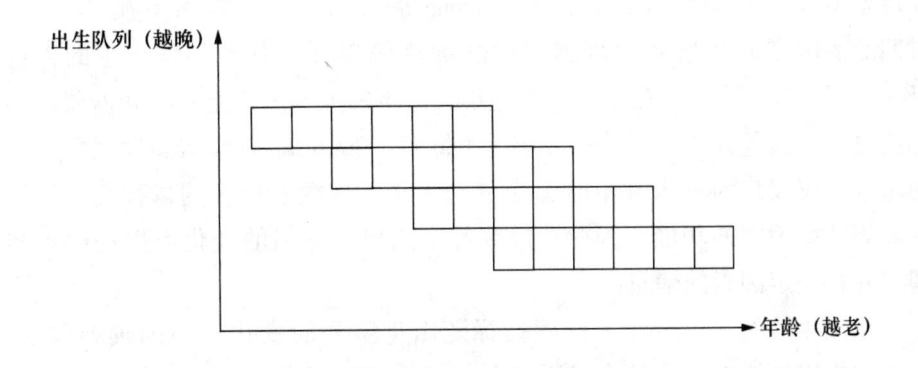

图1　多重出生队列纵向追踪数据示例

二　问题和假设

通过分离年龄和队列效应，本文具体讨论与健康变化趋势相关的四个问题。问题一是关注老年人健康指标随年龄变化的规律，即分解出年龄的纯效应。已有文献显示，伴随着自然的衰老过程，人体的各项机能随年龄增加而显著下降（Harman，1981），各种慢性疾病和功能性丧失直接导致与老年人机体相关的健康指标呈下降趋势。同时，身体健康状况的下降以及社会地位的转变也会在一定程度上影响老年人的心理健康水平。然而，这样一个显而易见的结论可能因为队列效应的干扰而在实际研究中变得没有那么明晰。在以往对年龄因素的研究中，可能因为队列差异的存在，导致所得到的健康和年龄的关系并不能在真正意义上代表实际上的机体衰老和与其相关的社会机制对老年人健康的影响。所以，即便这是一个常识性的假设，仍然需要我们在充分考虑队列效应的前提下，做一个严格的检验：

假设1：在控制队列效应下，老年人健康指标随着年龄增加而变差。

本文关注的第二个问题是老年人健康指标随出生队列的变化规律，即探索队列的纯效应。长久以来，在研究健康变化时，重点都在考察年龄因素，用以理解衰老过程，很少有研究单独讨论队列效应。近些年来，越来越多的研究者开始重视对队列效应的研究，并且发现它对健康乃至各种社会现象的变化趋势都有重大影响（Yang等，2013）。比如出生在"二战"时期的美国婴儿在成年出现抑郁症状的比例要高于其他年份出生的人群（Kasen等，2003）。而在中国大饥荒年代出生的人群出现肥胖症和糖尿病的比例也高于其他人群（Li等，2010；Luo等，2006）。就像前面提到的，队列超越了仅仅作为一个基本时间变量的含义，承载了更多测量社会、经济发展等环境因素的功能。因此，研究健康随出生队列的变化可以提供更多健康外在决定因素的信息。

相比年龄而言，老年人健康指标随出生队列的变化趋势则较难判断。从正向作用来说，随着社会发展和科技卫生事业的进步，越年轻的出生群体在出生时所获得的健康储备越高（Fogel，2004）。这可以归结于在胚胎和婴幼儿时期更好的营养摄入，从而减少中老年患慢性疾病的几率（Barker，1998）。同时，不断改善的生活、医疗条件和飞速进步的医学知识有效预防和消除了可能对身体造成危害的各种疾病，从而延缓了衰老的过程。由此我们可以预计：

假设2a：与较早出生队列相比，较晚出生队列中的老年人健康指标相对较好。

在研究老年群体变化特征的时候，选择性生存因素是一个不可回避的问题。选择性生存是指随着年龄的增加，体质较弱、健康状况较差的个体将被优先淘汰，而存活下来的是更健康、体质更强的个体集合。在针对老年人的调查中，被包含在样本中的老年人已经通过了一次潜在的生存选择或者说是样本录入的选择性过程。越高龄的老人也就是越早出生队列中的老人所受到的选择性生存力量越强大。所以，比起较晚出生队列中的个体，他们在同样的年龄段可能是更强壮的个体的集合。

另外，一个在人口学研究中受人关注的问题是病态状态是否扩展的问题（expansion of morbidity）（Fries，2002；Gruenberg，1977）。支持病态状态扩展理论主要意见认为，当人口死亡率进一步下降时，在慢性疾病和机能丧失的控制上如果不能达到同样的效率，就会造成人群平均带病生存时间延长。虽然这一结论仍在学界有争议（Crimmins 等，2011；Cutler 等，2013），但是如果病态状态扩展现象的确存在，那么在我们考虑的出生队列效应中，较晚出生的群体因为医疗救治技术的进步，获得了更长的生存时间，但是他们受到的与衰老相关的病痛并没有得到相应幅度的减少，这样将会导致他们有更长的带病生存时间。换句话说，在相同年纪，较晚出生队列群体所观察到的健康状态可能要差于较早出生队列。根据以上两种考虑，我们也可以得出一个相反的假设：

假设2b：在较晚出生队列中的老年人，其观察到的健康指标相对较差。

第三个问题关注相对变化，即老年人健康指标的城乡差异随年龄的变化趋势。很多研究已经证实，老年人健康状况存在城乡差异，并且在大部分指标上面，城市老人都优于农村老人（李志武等，2007；谷琳、杜鹏，2007；黄三宝、冯江平，2007；齐良书，2006）。但是很少有研究进一步探讨城乡差异随年龄变化规律，特别是在控制了出生队列效应情况下的变化趋势。关注于这个问题，实际上是从生命历程的角度探讨资源在年龄维度上面的分配在健康差异上的作用机制。关于群体差异随年龄变化的趋势，不同理论给出了截然相反的预测。

根据累积优势/劣势理论（Angela，1996），个体长期享有的优势会随着年龄增加而积累，导致优劣个体之间的差距进一步加大。个体早期的特征或者长期的优势与年龄有交互效应，通过年龄机制放大。就城乡差距来说，城市人口长期在教育、经济和卫生资源上享有的优势会进一步积累，使得到了老年，城市人口的健康状况相对农村优势会更大。所以，此理论预测：

假设3a：在控制了队列效应后，随着年龄的增加，城乡老人间健康指标差距变大。

与累积优势/劣势理论相反，资源均等化理论预测，到了老年阶段，城乡老人收入和社会地位的差距减小，所以相应的作为经济条件后果之一的健康状况差距也应该减小（Yang等，2009）。同时，因为城乡老人可能受到的选择性生存力量在程度上有所不同，他们之间的健康差距也倾向于缩小。也就是说，因为农村老人普遍的生活医疗条件要比城市老人恶劣，身体虚弱的农村老人可能较早地被淘汰。这样存活下来的农村老人相对平均健康状况会有所改善。这两方面的理论共同预测：

假设3b：在控制了队列效应后，随着年龄的增加，城乡老人健康指标差距变小。

最后一个问题是老年人健康指标的城乡差异随队列变化的趋势。如上所述，队列变化受社会、经济以及政策因素影响较大。而城乡老人之间健康差异的队列变化是农村城市资源分配上的差异在不同出生队列中积累演化的结果之一。然而，由于城乡差异的多重性与复杂性，这种趋势变化也存在两种不同的可能。从年平均收入看，城乡老人的绝对差距还在不断加大（全国老龄工作委员会，2012a）。也就是说，相对于较早的队列，较晚队列成员之间经济资源可能差距更大。经济上差距的加大，可以直接导致城乡老人在健康投入上的差距进一步增大。由此可以得出：

假设4a：相对于较早的出生队列，较晚出生队列中城乡老人健康指标差距较大。

然而，如果从城乡居民在卫生资源的获取上的差异角度出发，我们则会得到一个不同的预测。近些年来，国家大力发展农村医疗保障事业，农村医疗保险覆盖率从2000年的8.9%迅速上升到2010年的98.3%，超过了同期的城市人口医保覆盖率（全国老龄工作委员会，2012b）。虽然在享有医疗资源的质量上城乡还存在差距，但是在数量上已经能保证广大农村人口及时获得医疗服务，从而极大改善农村特别是较晚出生群体的健康状况。

基于以上理由，我们也可以推断出：

假设4b：相对于较早的出生队列，较晚出生队列中城乡老人健康指标差距较小。

以上的四个问题都是基于近年来对年龄和队列效应不断深化研究的基础上所提出的。Yang等（2009）已经成功将分离年龄和队列效应的方法应用到美国老年人健康指标的研究中并分析其中的性别和种族差异。然而对中国老人的健康状况，我们还缺乏相应的研究和探索。对这些问题的探讨离不开对具体的社会情境和政策因素的分析，中国在过去的几十年间经历了巨大的社会变迁和经济发展，与此对应的人群的健康状况也发生了巨大变化。因此中国人群健康变化趋势是一个值得深入探索的问题。本文将利用中国的老年人健康多重队列追踪数据来对以上问题做一个初步的探究。

三　数据与方法

（一）数据

本文所采用的数据来自于中国老年健康影响因素跟踪调查（CLHLS）。CLHLS作为一个被大量研究所采用的高质量数据，至今已经进行了6次纵向追踪调查（1998年、2000年、2002年、2005年、2008年、2012年）。除了对1998年基准样本80岁以上老人进行连续追踪调查外，还在后续调查中不断增加补充样本。特别是从2002年开始，加入了大量60—79岁中低龄老人样本。这样的设计符合多重队列纵向追踪数据的要求，使得区分队列效应和年龄效应成为可能。关于CLHLS的详细调查设计和样本抽取参见Zeng等（2001）和Gu（2008）。

（二）变量

1. 健康指标

本研究选取了四个被以往研究广泛采用并且可靠性得到反复检验的健康测量指标作为分析的结果变量。其中，前两个是主观性的健康测量指标，而后两个是偏客观性的指标。

自我评估健康水平是一个分级尺度测量。这一变量的取值范围从 0 到 4，分别对应自我评估的健康水平很差、差、一般、好和很好。

心理健康水平是一个基于 7 个指标值的综合变量。其中，4 个正面指标分别测量老人的乐观程度，如"我总是看到事情好的一面"；责任心，如"我喜欢保持我的东西干净整洁"；自我掌控能力，如"我对自己的事情能做决定"；以及对变老的积极看法，如"我和年轻时一样快乐"。另外 3 个负面指标分别测量老人的神经敏感度，如"我经常感到害怕和焦虑"；孤独感，如"我经常感到孤独和被隔离"；以及自我感到能力丧失，如"我觉得自己越来越不中用"（Smith 等，2008）。每一个指标的取值范围均为从 0 到 4。为了保证所有测量方向的一致性，3 个负面指标得分被转化为相应的正向得分。单项分数越高，表明个体在相应测量项目上的心理健康水平越高。心理健康水平的综合得分是这 7 个指标取值的总和，范围在 0 到 28 之间，越高的分数对应于越健康的心理水平（Cronbach's alpha = 0.67）（Li 等，2008）。

日常活动受限指标（ADL）是基于对 5 项基本生活能力评价的综合打分。这五项能力分别为：吃饭、穿衣、洗澡、如厕和室内转移。如果某一项目无法独立完成，该项目就会得 1 分。ADL 计算 5 项的总分，取值范围为 0—5，分数越高意味着日常活动能力越差。

认知水平是根据中国版本的微智力状态测试（Mini – Mental State Examination，MMSE）得出的分数（Folstein 等，1975）。MMSE 满分是 30 分，分数越高对应于认知水平越高，具体的打分原则和操作方法参见 Zeng 等（2002）和 Zhang（2006）。

2. 自变量

本文主要关注的自变量是年龄、队列以及老人的居住类型。选取样本覆盖年龄从 61 岁到 127 岁。我们根据调查对象的出生年份将样本划分为 5 个队列，其中在 1905 年以前出生的个体被划分为第一队列，编码为 0；在 1906—1915 年、1916—1925 年和 1926—1935 年之间以及 1935 年以后出生的个体，队列编码分别为 1、2、3、4。为了保持模型的简洁性，队列变量被当成一个连续变量使用。同时，我们也测试过把队列变量（0—4）处理成离散变量，结果显示两种处理方法没有对最终结论产生实质性影响。另外对居住类型，我们主要考察城镇和农村这两种划分。值得注意的是，在追踪过程中有大约13%的老人改变了居住类型（从农村到城市或者从城市到农村）。因为这个比例不是很大，为了简化模型，也为了重点研究城乡居住的累积效应，我们考虑将每个老人第一次调查所登记的居住类型作为他/她的长期居住类型。样本中农村老人的比例为52.2%。

3. 控制变量

本研究的主要控制变量涵盖了人口、经济、家庭支持、健康习惯、儿时经历几个方面。具体包括性别、受教育程度、退休前职业、婚姻状况、是否独居、是否过量饮酒、是否吸烟、体育锻炼情况、父亲职业和儿童时期饥饿经历。特别需要注意的是，我们包括了两个额外变量分别代表样本是否在下一个观察死亡或者退出追踪调查。因为一般在下一个观测死亡或者退出的个体，其健康指标要比其他观察个体更差。关于因变量、自变量以及控制变量的详细分布和在城乡老人之间的差异参见表1。

表1　　　　样本所用变量的描述性统计

变量	全部 (N=54564)	城镇 (N=26095)	农村 (N=28469)
健康指标			
自我评估健康水平[a]	2.51 (0.90)	2.54 (0.90)	2.47 (0.90)
心理健康水平[a]	18.51 (4.37)	19.25 (4.33)	17.83 (4.28)
ADL[a]	0.46 (1.13)	0.50 (1.14)	0.44 (1.12)
认知水平[a]	24.30 (6.05)	24.81 (5.79)	23.83 (6.25)
自变量			
年龄[a]	86.40 (10.32)	86.19 (10.01)	86.59 (10.60)
队列			
1905年以前（%）	20.18	18.15	22.03
1906—1915年（%）	28.69	29.73	27.74
1916—1925年（%）	25.95	27.87	24.20
1926—1935年（%）	17.98	16.95	18.92
1936—1947年（%）	7.2	7.3	7.11
控制变量			
性别（女性=1）（%）	55.01	54.02	55.91

续表

变量	全部 (N=54564)	城镇 (N=26095)	农村 (N=28469)
教育水平（1年以上教育=1）（%）	40.57	48.82	33.01
退休前职业			
职员或专业性人员（%）	9.00	15.20	3.32
务农（%）	57.80	52.42	62.74
其他（%）	33.20	32.39	33.94
婚姻状况（已婚=1）（%）	29.64	31.34	28.08
是否独居（是=1）（%）	13.99	12.78	15.1
酗酒（是=1）（%）	3.37	2.63	4.05
吸烟（是=1）（%）	19.34	17.41	21.10
日常锻炼（是=1）（%）	42.19	47.62	37.22
父亲职业			
职员或专业性人员（%）	4.19	6.42	2.14
务农（%）	57.61	53.39	61.49
其他（%）	38.20	40.19	36.37
儿时是否挨饿（是=1）（%）	63.73	57.23	69.68
下一个观测死亡（是=1）（%）	22.92	20.49	25.15
下一个观测退出（是=1）（%）	11.07	14.42	8.01

注：a 表示均值（方差）。

（三）样本

为了尽量涵盖6次追踪调查的所有有效样本。我们的样本包括了所有4大健康指标没有缺失值的个体。值得注意的是，一部分老人因为死亡或者其他原因提前退出调查，另一部分老人加入追踪调查时间较晚，这样每一个个体的观察次数不尽相同，从1次到5次不等。最终包含在分析样本中的个体数为30339，总观察样本数是54564。对部分自变量观察的缺失，我们采用多元缺失值估算的方法（multiple imputation）来弥补。

（四）分析方法

针对需要分析的多重队列纵向追踪数据的特点，我们采用的方法是分层生长曲线模型（hierarchical growth curve model）。此模型已被运用在健康趋势的研究中（Raudenbush，2002；Yang，2007；Yang 等，2009），显示出它在分析面板数据上的优势。其中,最大的一个优势是它允许数据的不平等设计,也就是说每一个个体可以有不同个数的观察,只要最长的观察个数大于需要模拟的时间的多元曲线次数,模型就可以正常估计。比如需要估计时间(年龄)的二次曲线,我们需要的最长的观察个数至少为三次。使用这样的方法能够保证最大限度利用面板数据的信息。

面板数据的结构分为两层。第一层是个体内的重复测量,在本文中对应单个老人在不同年龄的健康追踪测量值。这些测量嵌套在第二层不同老人的数据结构内。相对应的,分层生长曲线模型也分为两层。第一层模型,模拟在同一个个体内,健康指标随年龄变化的曲线为:

$$y_{ti} = \beta_{0i} + \beta_{1i}age_{ti} + \beta_{2i}age_{ti}^2 + \sum_{j>2}\beta_{ji}(x_j)_{ti} + e_{ti}$$

式中,y_{ti}代表个体i在时间t的健康测量。在这里我们用年龄的二次曲线去拟合健康变化趋势,经测试二次曲线比简单的线性或者更高阶的曲线能更好、更高效地拟合健康变化。注意在这里我们把年龄age_{ti}中心化(减去平均年龄86岁),这样所得的系数β_{0i}、β_{1i}和β_{2i}分别代表在平均年龄处的健康指标值,健康指标随年龄变化的线性斜率和二次斜率。e_{ti}表示不同个体在每个测量点的随机误差,服从均值为0,方差为σ的正态分布。其他随时间变化的控制变量都放在第一层模型中,比如每次测量的婚姻状况,是否独居,当前是否饮酒过量,当前是否吸烟,当前锻炼情况以及是否在下一次追踪调查中死亡或退出。

第二层模型进一步用个体层面的特征变量来模拟第一层模型中描述健康随年龄变化的参数。

对截距参数:

$$\beta_{0i} = \gamma_{00} + \gamma_{01}cohort_i + \gamma_{02}cohort_i^2 + \gamma_{03}rural_i + \gamma_{04}rc_i + \sum_{j>4}\gamma_{0j}(z_j)_i + u_{0i}$$

对斜率参数:

$$\beta_{1i} = \gamma_{10} + \gamma_{11}cohort_i + \gamma_{12}cohort_i^2 + \gamma_{13}rural_i + \gamma_{14}rc_i + \sum_{j>4}\gamma_{1j}(z_j)_i + u_{1i}$$

式中,队列变量$cohort$,居住类型变量$rural$,以及它们的交互项rc是我们最关注的变量。最终模型是否保留队列的二次项$cohort^2$和交互作用rc主要依据具体模型的拟合度。系数γ_{01}、γ_{02}、γ_{11}和γ_{12}分别描述队列对健康曲线的截距和一次斜率的影响,代表着队列的纯效应,是我们探索假设2的基础。γ_{03}和γ_{13}刻画在同一个队列中，居住类型对健康曲线的影响，用以探索假设3。γ_{04}和γ_{14}代表队列和居住类型的交互作用，是探索假设4需要关注的系数。最后γ_{00}和γ_{10}是在控制了队列以及其他变量的情况下，年龄对健康曲线的净影响。u_{0i}和u_{1i}是截距和一次斜率的随机效应，也服从均值为0的正态分布。其他不随年龄或时间变化的个体特征控制变量z_j，例如，性别、教育程度等都放在第二层模型里。另外，第二层模型还可以继续对年龄的二次项参数进行模拟，但是在本文的研究中，二次项系数的随机效应均不显著，所以在这里省略掉。

我们分别对每个健康指标估计两组模型。第一组基本模型除了所关注的年龄、队列、居住类型和它们的交互项外，我们只加入最基本的控制变量：性别和是否在下一次观察中死亡或者退出调查。第二组完整模型，包括上面所提到的所有控制变量并加入了其他健康指标。

四 结果

4个健康指标一共8组模型结果汇总于表2和表3。为了更好地显示结果，我们增加了两组图示，分别展示了健康指标分不同队列随年龄变化的曲线（见图2至图5）以及健康指标在样本平均年龄（86岁）的预测值随队列的变化（见图6至图7）。这些组图都是基于第一组基本模型的估计值而计算出的健康指标的预测值。

表2　　　　分层生长曲线模型估计年龄、队列以及居住类型对自我评估健康和心理健康水平的效用

	自我评估健康水平		心理健康水平	
	模型1	模型2	模型1	模型2
固定效果模型参数				
截距模型 β_{0i}				
截距 γ_{00}	2.945 ***	2.634 ***	19.568 ***	18.796 ***
队列 γ_{01}	-0.187 ***	-0.139 ***	0.474 ***	0.641 **
队列（二次项）γ_{02}			-0.222 ***	-0.143 *
农村 γ_{03}	-0.035	0.035 ***	-1.595 ***	-1.063 ***

续表

	自我评估健康水平		心理健康水平	
	模型1	模型2	模型1	模型2
队列×农村 γ_{04}	-0.013	-0.020	0.213 **	0.183 **
控制变量				
性别（女性=1）	-0.109 ***	-0.017	-0.928 ***	0.084 *
教育(受过1年以上=1)		-0.049 ***		0.122 **
职业（务农=1）		0.061 ***		-0.690 ***
职业（其他=1）		0.078 ***		-0.577 ***
儿时是否挨饿（是=1）		-0.014		-0.261
父亲职业（务农=1）		0.077 ***		-0.488
父亲职业（其他=1）		0.045 *		-0.469 ***
线性增长模型 β_{1i}				
截距 γ_{10}	-0.129 ***	0.035	-0.056	0.799 **
队列 γ_{11}	0.031	0.043 **	-0.603 ***	-0.287 *
队列（二次项）γ_{12}	-0.014	-0.016 ***	0.021	0.001 ***
农村 γ_{13}	-0.025	-0.020 **	0.230 *	0.068
队列×农村 γ_{14}				
控制变量				
性别（女性=1）	0.008	0.027 **	0.052	0.065
教育(受过1年以上=1)		0.008		-0.118 **
职业（务农=1）		-0.001		-0.163 *
职业（其他=1）		-0.011		0.067
儿时是否挨饿（是=1）		-0.015 *		-0.024
父亲职业（务农=1）		-0.030		-0.042
父亲职业（其他=1）		-0.019		-0.061
二次项增长率 β_{2i}				
截距	-0.001	0.008	-0.184 *	-0.039
随时间变化的控制变量				
婚姻状况（已婚=1）		-0.106 ***		0.614 ***
独居		-0.111 ***		-0.207 ***

续表

	自我评估健康水平		心理健康水平	
	模型1	模型2	模型1	模型2
酗酒		0.099 ***		-0.047
吸烟		0.032 ***		0.085
日常锻炼		0.098 ***		0.564 ***
ADL		-0.094 ***		-0.110 ***
自我评估健康水平				1.433 ***
认知水平		0.010 ***		0.136 ***
心理健康水平		0.068 ***		
下一观测—死亡	-0.208 ***	-0.093 ***	-0.741 ***	-0.007
下一观测—退出	-0.063 ***	-0.031 **	-0.014	0.126 *
随机效果—方差构成				
第一层：个体间 e_{ti}	0.798 ***	0.748 ***	3.722 ***	3.475 ***
第二层：截距 u_{0i}	0.396 ***	0.292 ***	1.898 ***	1.158 ***
增长率 u_{1i}		0.066 *	0.430 ***	0.387 ***
观测数量	54564	54564	54564	54564
拟合度（BIC）	140452.9	130397.5	308818.5	295860.4

注：*** $p<0.001$，** $p<0.01$，* $p<0.05$。

表3　　　　　分层生长曲线模型估计年龄，队列以及居住
类型对ADL和认知水平的效用

	ADL		认知水平	
	模型1	模型2	模型1	模型2
固定效果模型参数				
截距模型 β_{0i}				
截距 γ_{00}	0.497 ***	0.872 ***	25.721 ***	25.083 ***
队列 γ_{01}	-0.343 ***	-0.237 ***	2.120 ***	1.834 ***
队列（二次项）γ_{02}	0.096 ***	0.048 ***	-0.891 ***	-0.785 ***
农村 γ_{03}	-0.011	-0.049	-0.735 ***	-0.197
队列×农村 γ_{04}	-0.041 *	-0.033	0.087	-0.010

续表

	ADL		认知水平	
	模型1	模型2	模型1	模型2
控制变量				
性别（女性=1）	0.139 ***	0.024	-1.983 ***	-0.736 ***
教育(受过1年以上=1)		0.102 ***		1.104 ***
职业（务农=1）		-0.185 ***		-0.515 ***
职业（其他=1）		-0.177 ***		-0.610 ***
儿时是否挨饿（是=1）		-0.045 ***		-0.369 ***
父亲职业（务农=1）		0.025		-0.454 ***
父亲职业（其他=1）		-0.068 **		-0.245 *
线性增长模型 β_{1i}				
截距 γ_{10}	0.036	0.180 *	0.044	0.194
队列 γ_{11}	0.094 *	-0.019	-1.568 ***	-0.708 **
队列（二次项）γ_{12}	0.013 **	0.015 ***	-0.052 **	-0.220 ***
农村 γ_{13}	-0.100 ***	-0.080 ***	0.057	-0.134
队列×农村 γ_{14}				
控制变量				
性别（女性=1）	0.123 ***	0.100 ***	-0.760 ***	-0.424 ***
教育(受过1年以上=1)		0.019		0.411 ***
职业（务农=1）		-0.070 **		-0.377 ***
职业（其他=1）		-0.044		-0.353 ***
儿时是否挨饿（是=1）		-0.027 *		-0.068
父亲职业（务农=1）		-0.087 **		-0.179
父亲职业（其他=1）		-0.126 ***		-0.157
二次项增长率 β_{2i}				
截距	0.144 ***	0.071 ***	-1.207 ***	-0.623 ***
随时间变化的控制变量				
婚姻状况（已婚=1）		-0.019		0.341 ***
独居		-0.231 ***		0.171 **
酗酒		-0.052 *		0.132
吸烟		-0.095 ***		-0.078

续表

	ADL		认知水平	
	模型1	模型2	模型1	模型2
日常锻炼		-0.083 ***		0.350 ***
ADL				-1.112 ***
自我评估健康水平		1.433 ***		0.677 ***
认知水平		0.136 ***		
心理健康水平				
下一观测—死亡	0.354 ***	0.215 ***	-1.517 ***	-0.698 ***
下一观测—退出	0.180 ***	0.137 ***	-0.387 ***	-0.164 *
随机效应—方差构成				
第一层：个体间 e_{ti}	0.784 ***	0.758 ***	4.376 ***	4.351 ***
第二层：截距 u_{0i}	0.539 ***	0.459 ***	2.553 ***	2.078 ***
增长率 u_{1i}	0.528 ***	0.483 ***	1.566 ***	1.556 ***
观测数量	54564	54564	54564	54564
拟合度（BIC）	155769.5	149124	324730.8	332512.2

注：*** $p<0.001$，** $p<0.01$，* $p<0.05$。

（一）年龄趋势

图 2-5 展示了健康曲线随年龄在每个队列中的变化趋势。随着年龄增加，所有健康指标都变得更差，其中自我评估健康水平、心理健康水平和认知水平呈下降趋势，而 ADL 呈上升趋势。除了自我评估健康水平，其他指标都随年龄增长而变差得更快。这也可以从年龄的二次项系数看出，模型1中此系数对心理健康水平和认知水平为负向显著（-0.184，$p<0.05$ 和 -1.207，$p<0.001$），而对 ADL 为正向显著（0.144，$p<0.001$）。这一结果证实了假设1的推断，即健康指标随年龄变化趋势主要受生理性衰老影响，而生理性衰老在老年人群体中是个单调递减的过程。

需要说明的是，图 2-5 中的虚线表示使用同一模型但没有控制队列变量所估计出的年龄曲线，也即在第二层模型中剔除所有与队列相关的项。可以看出，如果没有区分队列效应可能对年龄效应估计产生的偏差，对自我评估健康水平的估计影响最大，实际指标在每一个队列中都应呈直线下降趋势，但是因为队列效应干预，会错误估计出其值随年龄增长先下降后上升。其他三个指标的估计所受到的影响相对较小，但是仍旧会低估认知水平和心理健康水平的下降速度。随着年龄的上升，这两项指标的实际衰减速度会加快。年龄在生命后期加速衰老的效应可能因为没有分离队列因素而被掩盖。

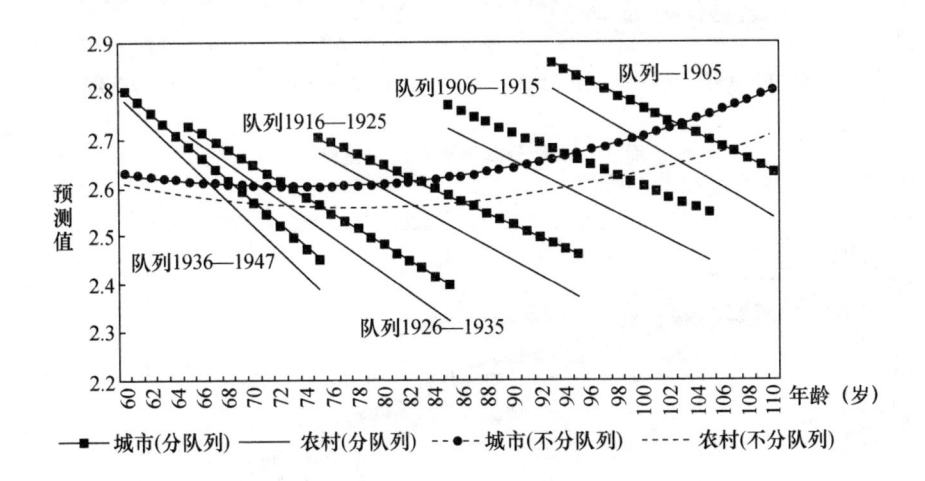

图2　自我评估健康水平分队列随年龄变化趋势

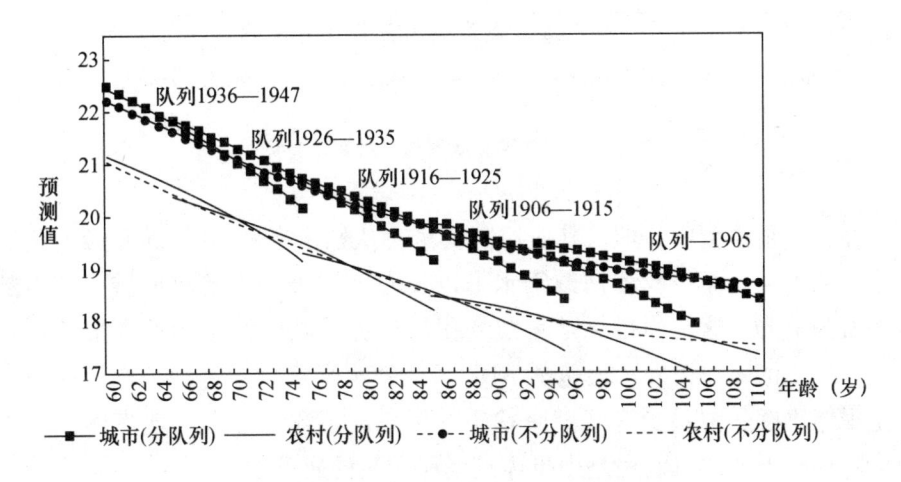

图3　心理健康水平分队列随年龄变化趋势

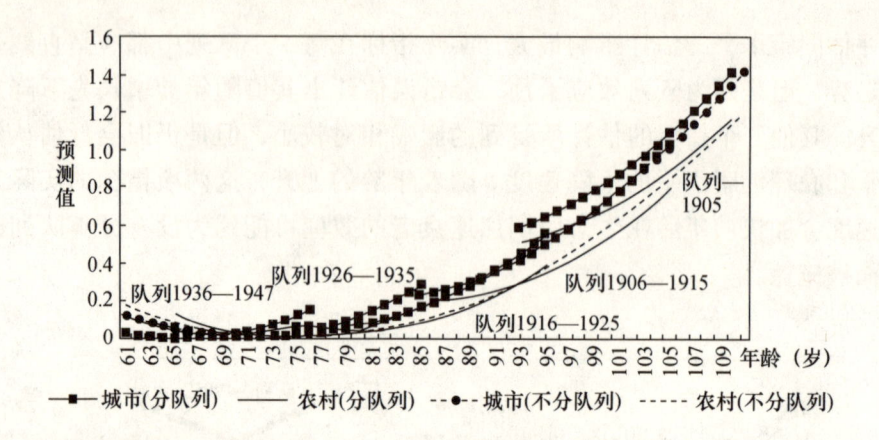

图 4 ADL 分队列随年龄变化趋势

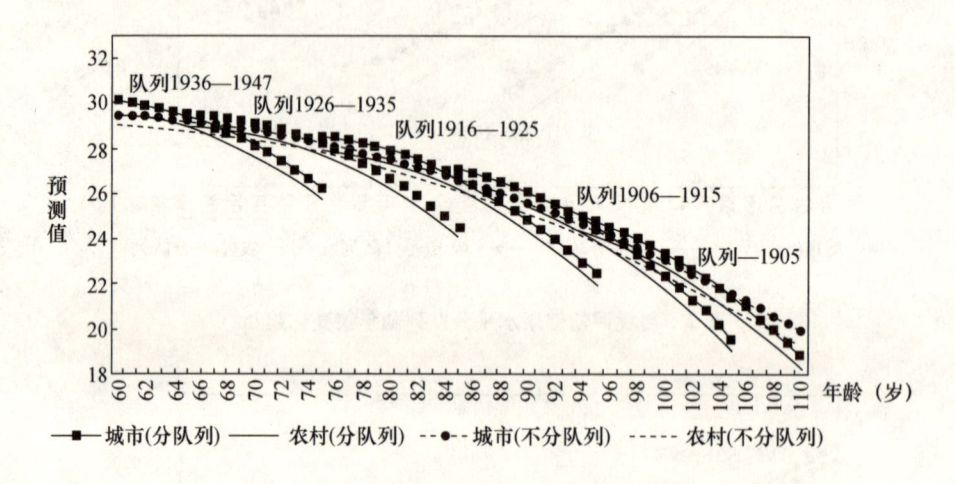

图 5 认知水平分队列随年龄变化趋势

在第二组模型中，加入其他控制变量对认知水平和 ADL 随年龄变化的趋势影响不大，而自我评估健康水平以及心理健康水平趋势反转：随年龄下降变为上升。这两项指标随年龄变化的趋势受其他健康相关变量的影响较大，除了健康习惯外，还包括 ADL 及认知水平这两项客观指标。这说明了主观健康感受主要受客观健康状态的影响，导致老年人主观身体和心理健康随年龄下降的机制还是由机体衰老所引起的病痛。

(二) 队列趋势

由于每一个出生队列在观察数据中所涵盖的年龄范围不尽相同，要比较它们的效应必须要控制在相同的年龄才会有意义。

一种比较的方法是研究每个队列在样本的平均年龄（本文特指 86 岁）所预测的健康指标值。其中，暗含的假设是对还没有观察到平均年龄的队列保持现有趋势，进而预计到 86 岁时所得到的健康指标值；而对最小观测年龄已过 86 岁的队列，根据现有趋势逆推到 86 岁时得到的健康指标值。图 6-7 展示了各个指标在 86 岁时的预测值随队列变化的趋势。除了自我评估健康水平随出生队列变晚而直线下降外，其他几个指标均呈 U 形曲线：较晚出生和较早出生的队列健康指标较差，中间队列的健康状况较好。这样的

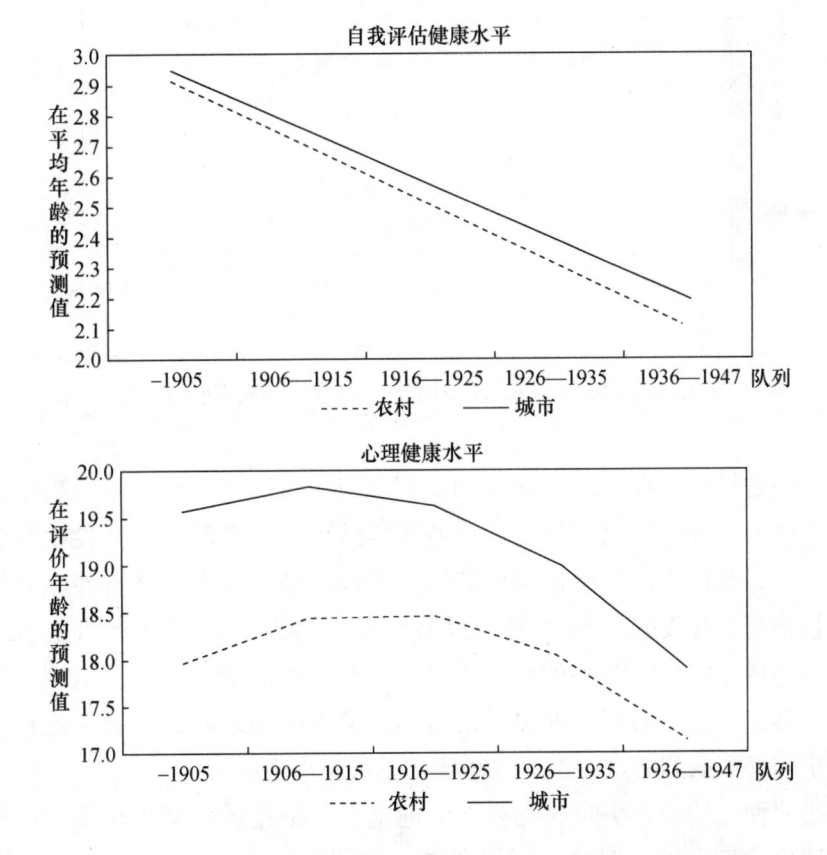

图 6　自我评估健康水平和心理健康水平在样本平均年龄（86 岁）的预测值随队列的变化

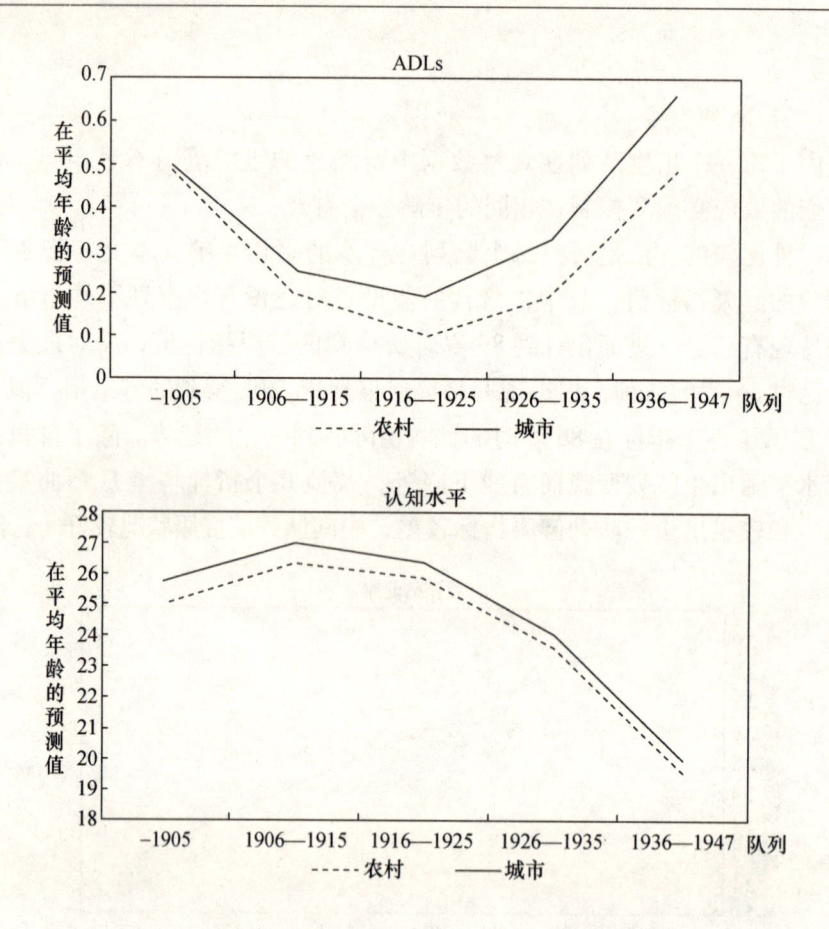

图 7 ADL 和认知水平在样本平均年龄（86 岁）的预测值随队列的变化

结果说明选择性生存对老年样本的队列效应影响较大。那些较晚出生的队列，在进入调查时并没有经受像那些较早队列一样严酷的选择性生存过程的筛选，因此这些队列中还包含健康水平较弱的群体。当把这些队列健康水平按当前趋势投射到 86 岁时，所预测的平均健康水平要低于在进入调查时已经筛选过的较晚队列的健康水平。而对那些非常早出生的队列，他们在某些健康指标上弱于中间出生的队列，说明在经过同样严酷的死亡筛选后，中间出生队列的真实健康水平要优于最早出生队列。

另一种比较的方法是研究相邻队列重合年龄段的健康指标情况。虽然这样的比较更直接，但是无法把所有队列同时比较。从图 2-5 中可以看出,除了 ADL 不明显外,其他每一项指标,较晚出生队列的预测健康值都差于在相同年龄段较早出生的队列。这在一定程度上说明了在过去的几十年里,在中国老龄人群体中,有带病状态扩展的趋势(expansion of morbidity),即老年人寿命有增加趋势,但是他们带病生活的年龄段可能更长。这个比较和上面的观察基本一致,表明了队列效应特别是在较年轻的队列里的负向作用。

在控制了所有其他变量的模型2里面,队列参数的方向和显著性在所有健康指标里面都没有改变,说明队列效应的变化趋势没有受到其他控制变量的影响。

(三)城乡差距随年龄变化趋势

从图2-7中可以看出无论从年龄还是队列角度来看,对自我评估健康水平,心理健康水平以及认知水平这三项指标而言,城镇老人的测量值均优于农村老人,而对 ADL 而言,农村老人优于城镇老人。这与前面的研究是一致的。相对而言,城乡差距随年龄变化趋势在图中显示得并不明显。从决定该趋势的系数 γ_{13} 来看,在模型1中,心理健康水平为正向显著(0.230, $p<0.05$),ADL 为负向显著(-0.100,$p<0.001$)。这说明随着年龄增加,这两项指标上的城乡差距都进一步扩大,只是在心理健康指标上,城镇老人更优越,而对 ADL 来说,农村老人更好。该系数在其他两项指标中均不显著。

在模型2里面,心理健康水平的城乡差异随年龄变化不再显著,原来的变化在很大程度上被其他健康指标的变化所解释。只有在 ADL 指标上所表现出的城乡差距随年龄扩大被稳定地保持了。以上的结果并不特别支持假设3中正反任何一方面的结论,即便是在 ADL 上的城乡差距随年龄的扩大也可能是由多种原因造成的。比如,农村老人因为长期从事体力劳动,身体得到了足够锻炼,这种优势可能随着年龄不断积累,到了老年,身体活动能力上的优越性得到更充分的体现,这一推理符合优势积累理论的论述。另外,这一扩大趋势也可能由城乡之间的不平等选择性生存过程造成,这一过程使得农村地区身体机能较差的老人尽早被淘汰,而让农村存活老人在身体活动能力上面的优势得以进一步显现(Sun 等,2009)。值得注意的是，在充分控制了其他变量包括客观健康状态之后，农村老人的自我评估健康水平变得优于城市老人（$\gamma_{03} = 0.035$，$p < 0.001$），说明了城乡间自我评估健康状态的差距主要来源于实际健康水平和健康习惯的差异。而认知能力的城乡差异，在很大程度上被城市和农村老人在受教育程度和职业上的差异解释掉了。只有心理健康水平的绝对城乡差异在加入其他控制变量之后基本保持不变。

（四）城乡差距随队列变化趋势

最后，城乡差距在队列中的变化趋势可以在图6-7中得到体现。自我评估健康水平和认知水平的城乡差距随队列变化并不明显。但是心理健康水平的城乡差距随出生队列变年轻而缩小（γ_{04}正向显著 $= 0.213$，$p < 0.01$），而ADL随队列变年轻，农村老人优势变得更明显（γ_{04}负向显著 $= -0.041$，$p < 0.05$）。这些趋势在加入其他控制变量后，仍旧保持不变。以上结果说明了近些年来，农村在生活和医疗条件上的改善起到了一定作用，至少城乡间健康差距没有进一步拉大。

五 结论和讨论

本文利用中国老年人长寿因素调查的多重队列纵向追踪数据，研究老年人主要健康指标的变化趋势，着重考虑了分离年龄和队列效应后健康指标和其城乡差异的变化趋势。以往研究大多因为没有考虑年龄、队列等多种因素的交互影响，无法对健康变化得出明确一致的结论。本研究的最大贡献在于借助严格定量方法，将健康的变化分解投射到年龄和队列两个明晰的维度上，从而探索其中的趋势和发生机制。

借助分层生长曲线模型，本文研究结果表明：（1）所有健康指标的测量值都随年龄增加而变差。但是在没有考虑队列效应的情况下，所得到的年龄趋势估计会有显著偏差。（2）老年人的队列效应主要受选择性生存因素影响，较晚出生的队列平均健康水平弱于较早出生的队列。对相邻队列的同年龄段健康水平的比较显示病态状态有延长的趋势。只有在较老的都经过严酷生存选择的队列中，才能体现社会进步在健康上的正向作用。

（3）除了ADL外，在其他三个健康指标上，城市老人测量值都显著优于农村老人。这一优势随年龄增加变化并不显著。（4）农村老人除了在ADL上的优势增加外，队列出生越晚，城乡老人健康差异维持不变或者变小，这说明农村健康水平有一定改善。

本文的研究结果具有一定的推广意义。首先，在混合类型的数据里面，即包含多个出生队列或观察时期时，需要谨慎解释所得到的结果。直接获得的随年龄变化的趋势，可能并不能反映真正内在的年龄机制。所以，即便在无法分离年龄队列效应的情况下，也应该考虑到它们的交互作用对结果的可能影响。其次，虽然队列效应主要受选择性生存因素的影响，它也从一个侧面反映出中国老人带病状态扩展的趋势。也就是说，当老年人的寿命在进一步延长的时候，他们的健康状况并没有得到同幅度的改善，造成了他们晚年带病时间的增长。这给我们的启示是，在关注人口寿命延长的同时，应该把越来越多的工作重点放在如何减缓或者延迟病痛和如何提高老年人晚年生活质量上。这样才能真正做到减轻社会养老和医疗负担。

关于城乡老人在健康指标上的差异及其变化趋势虽然本文没有太过意外的结论，但是却通过在年龄和队列两个维度上的分析，展示了在简单差异背后可能隐藏的复杂机制。其一，城乡老人在健康上的绝对差距产生原因可能因所选取的指数不同而不同。比如，自我评估健康水平的差异在加入其他客观健康指标之后反转，说明城乡主观健康的差异在很大程度上是由客观健康状况的差距决定的。城乡老人认知能力上的差异，主要来源于教育和职业上的差距。而心理健康水平，在控制了社会、经济、健康习惯以及其他健康指标后，仍然无法消除城市老人的优越性。这暗示了还有其他没有被控制的因素，决定了两者之间的距离。其二，城乡老人健康指标差距随年龄变化并不明显，反而可能说明了农村老人随年龄增长受到的双重劣势影响。第一重劣势可能来源于农村老人的劣势累积效果，倾向于将城乡差距扩大化。第二重劣势在于选择性死亡对农村老人更大的威胁，而倾向于缩小城乡差距。虽然两者的综合效果使得观察趋势并不明朗，但是却都指向了在生命历程的维度上，农村老人的全面弱势。其三，虽然在一些指标上，城乡差距随着队列有缩小的趋势，但是这样的势头并没有太过明显。相对于时期变化，队列上趋势的改变才是最根本，同时也是更缓慢的。可以预计城乡老年人健康在队列上的差距还将长期存在。因此，进一步改善农村居住卫生条件，普及医学健康知识，增强农村医疗保障仍旧是未来不容放缓的工作。

本文所采用的4个因变量中自我评估健康水平和心理健康水平是主观健康指标。通常来说，主观健康指标并不能完全反映客观健康水平，而其中的城乡差异也可能会受到实际健康水平之外的因素影响。但是本文的重点不在于探索这些外部的因素，而在于单纯了解这些健康指标的变化趋势。其中，自我评估健康水平在扣除了健康行为以及ADL和认知水平等客观健康指标之后，农村老人变得要优于城市老人。这种现象在一定程度上似乎可以归因于农村老人对病痛的忍受程度要强于城市老人，不过这一假设性解释的可靠性仍旧需要进一步的研究来检验。

本文使用的分层生长曲线模型是分离年龄和队列效应的方法之一，这一方法尤其适合对多重队列追踪数据的分析。对于其他的数据类型，比如重复测量横截面数据，则需要用其他方法来分离年龄、队列，或者时期效应（Yang等，2008）。不过这些分离方法对数据要求较高，都必须建立在多时期、多队列的重复或者纵向追踪观察上。目前在中国除了CLHLS，还缺乏能满足上述条件的数据，因此分离年龄，队列或者时期效应在中国健康研究中的应用还受到较大的限制。本文的分析以及对分离方法的应用效果也受到CLHLS数据的一定限制。首先，CLHLS主要关注老年人特别是高龄老人。这样的样本受到选择性生存过程的影响非常大，可能存在的影响健康的其他队列因素会被强大的选择性生存效应所掩盖。另外，样本里几乎所有的老人都出生在1949年以前。这意味着他们在胎儿或者婴幼儿时期，也即最重要的健康储备和发展阶段，并没有享受到现代科技和医疗卫生进步所带来的福利。也就是说，这些社会进步对这一观察群体的队列效应影响有限。一个更理想的样本，应该能囊括更多中年或者年轻老人的样本，有更长的出生队列跨度。这样能够允许我们更好地探索早年经历、社会变迁，乃至政策转变对健康的影响。

参考文献

1. 冯慧阳：《基于第六次人普数据谈中国人口老龄化新变化》，《商业文化》

2011 年第 8 期。
2. 陈昱阳:《中国农村老龄人口经济供养与福利制度研究》,博士学位论文,西南财经大学,2011 年。
3. 李志武、黄悦勤、柳玉芝:《中国 65 岁以上老年人认知功能及影响因素调查》,《第四军医大学学报》2007 年第 16 期。
4. 谷琳、杜鹏:《我国老年人健康自评的差异性分析——基于 2002 年和 2005 年全国老年跟踪调查数据》,《南方人口》2007 年第 2 期。
5. 黄三宝、冯江平:《老年心理健康研究现状》,《中国老年学杂志》2007 年第 23 期。
6. 齐良书:《收入、收入不均与健康:城乡差异和职业地位的影响》,《经济研究》2006 年第 11 期。
7. 刘达美、王永红、李廷玉、赵勇:《1960 年(饥荒中期)出生人群成年后糖尿病患病率显著性增高》,《重庆医科大学学报》2009 年第 12 期。
8. 全国老龄工作委员会:《2010 年中国城乡老年人追踪调查报告》,2012 年。
9. 全国老龄工作委员会:《2011 年度中国老龄事业发展公报》,2012 年。
10. Angela, M., The Precious and the Precocious: Understanding Cumulative Disadvantage and Cumulative Advantage over the Life Course, *The Gerontologist*, 1996, 36: 230 - 238.
11. Barker, D. J. P., *Mothers, Babies and Health in Later Life*, Churchill: Livingstone.
12. Crimmins, E. M. and H. Beltrán - Sánchez, Mortality and Morbidity Trends: Is There Compression of Morbidity? *The Journals of Gerontology Series B: Psychological Sciences and Social Sciences*, 2011, 66: 75 - 86.
13. Cutler, D. M., K. Ghosh and M. B. Landrum, Evidence for Significant Compression of Morbidity In the Elderly US Population, In David A. Wise (ed.) *Discoveries in the Economics of Aging*, Chicago University of Chicago Press: 20 - 45.
14. Fogel, R. W., Changes in the Process of Aging During the Twentieth Century: Findings and Procedures of the Early Indicators Project, Population and Development Review, 2004, 30: 19 - 47.

15. Fries, J. F., Aging, Natural Death and the Compression of Morbidity, *Bulletin of the World Health Organization*, 2002, 80: 245 – 250.
16. Folstein, M. F., S. E. Folstein, and P. R. McHugh, "Mini – mental State": A Practical Method for Grading the Cognitive State of Patients for the Clinician, *Journal of Psychiatric Research*, 1975, 12: 189 – 198.
17. Gruenberg, E. M, The Failures of Success, *The Milbank Memorial Fund Quarterly, Health and Society*, 1997, 1: 3 – 24.
18. Gu, D., General Data Quality Assessment of the CLHLS, In: Zeng Yi, Dudley L. Poston, Denese A. Vlosky and Danan Gu (ed.) *Healthy Longevity in China: Demographic, Socioeconomic and Psychological Dimensions*, Dordrecht, The Netherlands, Springer, 2008, pp. 39 – 60.
19. Harman, D., The Aging Process, *Proceedings of the National Academy of Sciences*, 1981, 11: 7124 – 7128.
20. Kasen, S., P. Cohen, H. Chen and D. Castille, Depression in Adult Women: Age Changes and Cohort Effects, *American Journal of Public Health*, 2003, 12: 2061 – 2066.
21. Li, D., T. Chen and Z. Wu, An Exploration of the Subjective Well – being of the Chinese Oldest – Old, In: Zeng Yi, Dudley L. Poston, Denese A. Vlosky and Danan Gu (ed.) *Healthy Longevity in China: Demographic, Socioeconomic and Psychological Dimensions. Dordrecht*, The Netherlands, Springer, 2008, 347 – 356.
22. Li, Y., Y. He, L. Qi, V. W. Jaddoe, E. J. Feskens, X. Yang, G. Ma and R. B. Hu, Exposure to the Chinese Famine in Early Life and the Risk of Hyperglycemia and Type 2 Diabetes in Adulthood, *Diabetes*, 2010, 10: 2400 – 2406.
23. Luo, Z., R. Mu and X. Zhang, Famine and Overweight in China, *Applied Economic Perspectives and Policy*, 2006, 3: 296 – 304.
24. Qu, B., X. Li., J. Liu and J. Mao, Analysis of the Current Situation Regarding the Aging Rural Population in China and Proposed Countermeasures, *Population Health Management*, 2012, 3: 181 – 185.
25. Raudenbush, S. W. and A. S. Bryk, *Hierarchical Linear Models: Applications*

and Data Analysis Methods, Thousand Oaks, CA, US: Sage.
26. Reither, E. N., S. J. Olshansky and Y. Yang, New Forecasting Methodology Indicates More Disease and Earlier Mortality Ahead for Today's Younger Americans, *Health Affairs*, 2011, 8: 1562-1568.
27. Ryder, N. B, The Cohort as a Concept in the Study of Social Change, *American Sociological Review*, 1975, 6: 843-861.
28. Smith, J., D. Gerstorf, and Q. Li, Psychological Resources for Well-being Among Octogenarians, Nonagenarians and Centenarians: Differential Effects of Age and Selective Mortality, In: Zeng Yi, Dudley L. Poston, Denese A. Vlosky and Danan Gu (ed.) *Healthy Longevity in China: Demographic, Socioeconomic and Psychological Dimensions*, Dordrecht, The Netherlands, Springer, 2008, 329-346.
29. Sun, F., N. S. Park, D. L. Klemmack, L. L. Roff and Z. Li, Predictors of Physical Functioning Trajectories among Chinese Oldest Old Adults: Rural and Urban Differences, *The International Journal of Aging and Human Development*, 2009, 3: 181-199.
30. United Nations, Department of Economics and Social Affairs, Population Division, World Population Prospects: 2008, 2009.
31. Yang, Y. 2007, Is Old Age Depressing? Growth Trajectories and Cohort Variations in Late-life Depression, *Journal of Health and Social Behavior*, 2007, 1: 16-32.
32. Yang, Y. and K. C. Land, Age-Period-Cohort Analysis of Repeated Cross-Section Surveys: Fixed or Random Effects? *Sociological Methods & Research*, 2008, 3: 297-326.
33. Yang, Y. and L. C. Lee, Sex and Race Disparities in Health: Cohort Variations in Life Course Patterns, *Social Forces*, 2009, 4: 2093-2124.
34. Yang, Y. and K. C. Land, *Age-Period-Cohort Analysis: New Models, Methods, and Empirical Applications*, Boca Raton, FL: CRC Press, 2013.
35. Zeng, Y., J. W. Vaupel, Z. Xiao, C. Zhang, Y. Liu, The Healthy Longevity Survey and the Active Life Expectancy of the Oldest Old in China, *Popula-*

tion: an English Selection, 2001, 1: 95 – 116.
36. Zeng, Y. and J. W. Vaupel, Functional Capacity and Self – evaluation of Health and Life of Oldest Old in China, *Journal of Social Issues*, 2002, 4: 733 – 748.
37. Zhang, Z., Gender Differentials in Cognitive Impairment and Decline of the Oldest Old in China, *The Journals of Gerontology Series B: Psychological Sciences and Social Sciences*, 2006, 2: S107 – S115.

儿童期社会经济地位对中老年人健康的影响

夏翠翠 李建新[①]

一 引言

"健康"不仅是生理机能上的问题,与健康行为、基因等因素有关,社会因素也会影响到人的健康状况。1980年英国学者布莱克在其报告中提出,不同社会经济地位群体间存在健康的差异和分层,社会经济地位较高者有更好的健康状况(Black et al., 1980)。大量的研究都证明了社会经济地位对健康的积极影响作用(Link & Phelan, 1995; Williams, 1990; Zhu & Xie, 2007; Zeng, 2007; 王甫勤, 2012; 沈可, 2012)。以往研究不仅证实了社会经济地位对健康影响作用的存在,并对其影响的持久性进行了探讨。有学者认为,社会经济地位对人们健康的影响具有"累积效应",随着年龄的增长,不同社会经济地位间的健康差异有加大的趋势(Lowry & Xie, 2009);在个人的生命历程中,不同时期的社会经济地位均会对成年后的健康状况产生影响(Lynch, 1994);较差的社会经济地位会在整个生命过程中累积,这种累积表现在某些疾病上(Galobardes et al., 2004)。社会经济地位的分层从人的童年时期就开始了,在较差的生活环境中成长的儿童可能面临营养及发育不良等影响成年后健康状况的问题,儿童期生病不能得到及时的治疗也会产生遗留的疾病从而影响成年后的健康状态。目前对中国老年人健康研究,更多关注当前的社会经济地位等社会因素的作用,本

---

① 夏翠翠,女,北京大学社会学系博士研究生;李建新,男,北京大学社会学系教授,博士生导师。

文期望能探讨儿童时期的社会经济因素对老年人健康状况的影响,以发现社会经济地位对人们健康状况影响的累积情况和持久性。

二 文献综述

有研究认为人们老化的过程是一个积累的过程,人们在不同的年龄阶段经历的不同生活环境和事件,都将对人的老化过程产生影响(胡薇,2009)。生命历程中的事件也会对人的体质产生影响,这些正向和反向的影响作用会不断累加(张建国等,2012)。埃尔德(Glen Elder)在生命历程理论中强调了"累积"的作用,即人在生命历程中经历的事件及人们早期生命历程中的事件积累,会对后期的生命形态产生长期的延续性影响。有学者认为儿童期是个人生命历程积累中的重要阶段(O'Rand,2006)。

已有的文献从健康的各个方面证实了儿童期社会经济地位与成年后健康状况的关系。在儿童期社会经济地位与成年后疾病发病率方面,1980年伯尔(M. L. Bur)等在对家庭规模、父母失业与心肌梗死疾病的关系研究中提出儿童时期的贫困会提高心肌梗死的发病风险,证实了儿童期社会经济地位对当前某一疾病发病风险的影响作用。此外,大量研究发现了儿童期社会经济地位与其他各种疾病发病风险之间的关系的存在。有研究认为,儿童期社会经济地位会影响到成年后患癌症和出血性中风的风险(Galobardes et al., 2004);那些在较差社会经济地位家庭中长大的人,心血管疾病发病率、牙齿疾病发病率均较高(Poulton et al., 2002);儿童期成长的环境与中年期的健康和身体机能关系密切,会影响到生命过程中的老化和慢性疾病情况(Guralnik et al., 2006)。在儿童期社会经济地位与死亡风险方面,有研究认为儿童期社会经济地位较差者具有更高的死亡风险(Mheen et al., 1998;Edith Chen et al., 2010;Lynch, 1994),针对中国老年人死亡风险的研究也得到了相似的结论(Zeng & Gu, 2007;沈可,2008)。在儿童期社会经济地位与自评健康的关系方面,有研究认为儿童期的社会地位和经济地位均对成年后的健康状况产生影响,并且后者的作用要大于前者(Rahkonen, 1997);儿童时期生病能否得到充足的医疗服务,儿童期有没有遭遇重大疾病对日常活动能力、认知健康和自评健康产生显著影响

(Zeng & Gu, 2007)。

关于儿童期社会经济地位如何作用于当前的健康状况，以往的研究也作出了诸多有益的探讨。儿童时期的各种不利因素，诸如有较多的兄弟姐妹和父亲失业（Burr, 1962），儿童期有过挨饿等不利条件（沈可，2008），生病不能得到充足的医疗照顾（Zeng, 2007）等对成年后的健康状况或死亡风险产生不利影响。对于儿童期社会经济地位对当前健康状况影响的中介机制，以往研究主要从两个方面进行了论述。有研究认为，儿童期的社会经济地位通过健康行为对成年健康产生了影响，经济地位较差的儿童更容易产生吸烟、喝酒等对健康不利的行为（Mheen et al., 1998）。在对儿童期社会经济地位与成年后健康行为的研究中发现，在男性群体中，控制了成年期社会经济地位后，儿童期社会经济地位对吸烟的影响不再显著，但是在女性群体中显著（Jefferis et al., 2004）。也有研究认为儿童期的社会经济地位，会影响到成年以后的社会经济地位，由此对成年健康产生影响（Hayward, 2004）。然而儿童期社会经济地位对当前健康状况的影响并非完全是间接作用，其与成年社会经济地位对健康差异的影响作用是独立的（Mikko, 2005）。

综上所述，以往研究从医学、人口学、社会学等各个方面对儿童期社会经济地位与成年后健康各指标的关系进行了分析和研究，并证实了二者之间关系的存在。然而，以往研究多从死亡率和发病率的角度探讨二者关系，很少涉及自评健康、精神健康、身体活动能力等较为综合的健康指标。以往研究表明死亡风险较高的群体相对死亡风险较低的群体，可能拥有更好的健康状况，因此，对死亡率和发病率与儿童期社会经济地位关系的研究并不能替代其他综合健康指标。此外，以往研究多探讨儿童期社会经济地位对成年人的健康影响，较少研究儿童期社会经济地位与中老年人健康的关系，而中老年期是生命历程中诸多社会因素积累到最后阶段的时期，中老年人也是各方面分化最大的群体（O'Rand, 2006），对中老年人健康状况的研究是必要的，并且在当今老龄化日趋严重的社会环境下，对中老年人的研究更具有一定的现实意义。同时，以往对儿童期社会经济地位与当前健康状况的研究，多认为儿童期社会经济地位通过健康行为和成年期社会经济地位对当前健康产生影响，致力于探讨其影响的中介机制，而忽视了社会经济地位本身的"累积效应",本文将从生命历程的视角,将儿童期社会经济地位作为一个具有长期影响作用的事件来分析。

总之,本文希望通过研究分析来回答以下问题:儿童时期的社会经济地位对中老年人的各个健康指标是否有影响作用?儿童期的社会经济地位是通过成年后的健康行为、成年时期的社会经济地位对老年人健康产生影响,还是具有单独的直接效应?儿童期的社会经济地位的影响作用有多持久,会随着年龄的增长而增加还是减少?因此,本文的主要假设如下:

假设1:在控制基本社会人口因素后,儿童期社会经济地位较好的中老年人,具有较好的健康状况。

假设2:在控制了基本社会人口因素、健康行为、成年时期的社会经济地位后,儿童期社会经济地位对中老年人健康的影响仍然显著。

假设3:相比较低年龄组,儿童期社会经济地位在较高年龄组的中老年人中影响更大。

三 数据和研究方法

本文使用的数据为中国健康与养老追踪调查(China Health and Retirement Longitudinal Study, CHARLS)的2011年全国基线调查数据。CHARLS数据采用PPS抽样方法,在县(区)、村(居)两级中抽样,共覆盖了全国28个省、市、区150个县/区的450个村,访问了10257户家庭的17708位45岁及以上个人,总体上代表中国中老年人群。样本的基本构成为52.67%的人来自农村地区;52.1%为女性;40%的年龄在60岁及以上。调查数据覆盖家户信息,个人基本信息,家庭信息和家庭交往状况,健康状况与功能、医疗保健与保险,工作、退休与养老金,收入、支出与资产,住房特征和访员观察等信息。

表1呈现了各因变量的处理及分布。健康是一种在身体、精神和社会适应上的完好状态(UN,1946),本文将采用自评健康、日常活动能力、工具性日常活动能力、个人残障情况、是否患慢性病和心理健康等多元指标来衡量老年人的健康状态。自评健康是一个较为综合性的指标,它与死亡风险、残障、患慢性病情况等其他健康指标存在一定相关性(Chen &

Wu，2008)，能较好地反映个人健康状况。根据以往与健康有关的研究(Gu et al.，2008)，我们将自评为"很好"或"好"的人定义为"较好"。在45岁及以上中老年人中，有23.70%的人自评健康状况较好。在进入中老年期后，由于身体机能的衰退，中老年人工具性日常活动能力（IADL）方面会产生明显的衰退和分化，IADL也是衡量老年人健康的重要指标（Gu & Dupre，2008)。根据以往的研究（Gu et al.，2008)，只要有一项日常活动能力选项有困难，我们便将其定义为"有困难"。表1显示，中老年人IADL无困难的占45.4%。后天的生活条件和经历等会对残障状况产生影响，而老年后是否有残障是反映其老化速度和身体健康状况的重要标准，因此我们使用了是否有残障这一指标。在中老年人群体中，小部分的人有耳聋、失明等身体残障状况，占到17.81%。此外，有一半以上（66.85%）的老年人患有慢性疾病，有一半左右的人心理健康状况较差（42.11%）。总体上，在自评健康、IADL、患慢性疾病情况这几个指标上，大部分的中老年人处于不健康的状态。

表1　　　　　　　　　　　　主要因变量

因变量	原始	处理	比例%
自评健康	您认为身体健康状况如何 五分类：很好、好、一般、不好、很不好	二分类：很好/好="较好=1" 一般/不好/很不好="较差=0"	23.70
IADL	以下问题：慢走1公里、爬几层楼、弯腰曲膝下蹲、伸展手臂、拎5公斤重的东西、做家务、做饭、购物等有无困难	二分类： "无困难=1"、 "有困难=0"	45.40
残障	是否有以下残疾：躯体残疾、大脑智力受损、失明或半失明、耳聋或半耳聋、哑或严重口吃等	二分类： "无=1"、 "有=0"	82.19
慢性疾病	是否有以下慢性疾病：高血压、血脂异常、血糖升高或糖尿病、癌症或恶性肿瘤、慢性肺部疾病、肝部疾病、心脏病、中风、肾脏疾病、胃部疾病、关节炎、哮喘等	二分类： "无=1" "有=0"	33.15
心理健康	以下问题：因为小事烦恼、情绪低落、感到害怕、觉得生活无法继续下去等10个问题	二分类： "较好=1" "较差=0"	57.89

表2呈现了各自变量的处理及分布。根据研究假设，本文主要使用个人基本信息、儿童期社会经济地位、成年期社会经济地位和健康行为等几方面的信息作为自变量，重点关注儿童期社会经济地位对中老年人健康的影响作用。在45岁及以上的中老年人群体中，样本平均年龄为61.24岁，女性占51.70%，当前有配偶者占80.30%。由于数据限制，本文中的社会经济地位主要由户口或居住地、教育两个指标来测量。在中国，户籍身份是衡量社会经济地位的一个重要维度，非农业户籍者拥有更好的工作机会、教育、住房和卫生服务情况。教育也是社会经济地位的主要测量指标之一，个体的受教育程度是影响其职业地位、社会阶层流动的重要因素

表2　　　　　　　　　　　　　　　主要自变量

自变量	原始	处理	均值/比例（%）
基本信息	年龄	连续	61.24
	性别	二分类："女=1""男=0"	51.70
	结婚状态 六分类：结婚且与配偶同住、结婚但不与配偶同住、分居、离婚、丧偶、未婚	二分类："有配偶=1""无配偶=0"	80.30
儿童期社会经济地位	16岁以前主要居住地	二分类："城镇=1""乡村=0"	10.80
	父亲教育水平	二分类："上过学=1""没上过学=0"	36.11
成年期社会经济地位	现在户口	二分类："非农=1""农=0"	22.04
	最高教育水平	二分类："上过学=1""没上过学=0"	72.73
健康行为	当前是否喝酒，以前是否喝酒	二分类："未喝酒=0""喝过酒=1"	31.16
	当前是否吸烟，以前是否吸烟	二分类："未吸过=0""吸过烟=1"	37.46

(Treiman & Yip, 1989)。以往的研究（Zhu & Xie, 2008）也使用了户口和教育作为衡量社会经济地位的指标。表 2 显示，仅有 10.80% 的中老年人在 16 岁以前居住在城镇，有 36.11% 的中老年人的父亲受过教育；有 22.04% 的老年人现在的户口状态为非农，有 72.73% 的人受过教育。此外，健康行为也是影响健康的重要因素之一，以往研究多将吸烟、饮酒状态划分为当前吸烟喝酒与否，而人们的健康行为对健康的影响并不会在很短的时间内显现，而是需要经过一个积累的时期。本文更加关注的是以往的行为和事件是否会对当前的状态产生影响，因此将吸烟、喝酒状态划分为是否曾经吸烟或喝酒、从未吸烟或喝酒两种状态。描述统计显示有 37.46% 的中老年人曾吸过烟，有 31.16% 的老年人曾喝过酒。

本文的研究方法为二分类 logit 模型。对于每一个健康因变量，均建立四个模型，模型一为因变量与社会人口变量组、儿童社会经济地位变量组的回归，用以验证假设 1；模型二和模型三分别在模型一的基础上加入成年社会经济地位变量组和健康行为变量组，用以验证假设 2；模型四为完整模型。

模型一：$\text{logit}P = \beta_0 + \beta_1 X_1 + \beta_2 X_2$

模型二：$\text{logit}P = \beta_0 + \beta_1 X_1 + \beta_2 X_2 + \beta_3 X_3$

模型三：$\text{logit}P = \beta_0 + \beta_1 X_1 + \beta_2 X_2 + \beta_4 X_4$

模型四：$\text{logit}P = \beta_0 + \beta_1 X_1 + \beta_2 X_2 + \beta_3 X_3 + \beta_4 X_4$

X_1 为基本人口变量；X_2 为儿童期社会经济地位；X_3 为成年期社会经济地位；X_4 为健康行为。

四 结果分析

1. 儿童期社会经济地位对中老年健康的影响

模型一显示了在仅控制年龄、婚姻和性别等基本人口变量的条件下，儿童期社会经济地位对各健康指标的影响作用。相对于 16 岁以前主要居住地为农村且父亲是文盲者，农村非文盲、城镇非文盲的中老年人有更高的可能性自评健康较好，自评健康较好的 odds 分别比参照组高 14.7%［exp(0.137) - 1］和 73.0%［exp(0.548) - 1］，并在 0.01 和 0.001 的显著性水平下显著。16岁以前居住在城镇但父亲是文盲者自评健康较好的可能性相对于参照组更高,但不显著。在IADL方面,16岁以前主要居住地为农村但父亲为非文盲、居住地为城镇父亲为文盲、居住在城镇父亲为非文盲的中老年人相对参照组有更高的可能性无日常活动能力障碍,无日常活动能力障碍的odds分别比参照组高20.0%、83.7%和107%,且在0.001的显著性水平下显著。此外,相对于16岁以前主要居住地为农村且父亲为文盲者,其他群体有更高的可能性无残障状况、心理健康状况更好,并且显著。在患慢性疾病方面,儿童期社会经济地位对中老年人是否患有慢性疾病无显著影响作用。

模型二中加入了成年期社会经济地位作为控制变量。在加入了成年期社会经济地位后,自评健康、IADL的系数仍然显著但影响变小。在控制了成年期社会经济地位后,16岁以前居住在城镇且父亲为文盲的中老年人与参照组在残障方面的差异变得不显著;其他群体与参照组的差异虽然显著,但影响变小。在心理健康方面,加入了成年后社会经济地位,16岁以前居住在农村且父亲非文盲、居住在城镇且父亲为文盲的中老年人与参照组的差异变得不显著;居住在城镇且父亲为非文盲的群体与参照组差异仍然显著,但系数变小。这一结果表明,成年期的社会经济地位在一定程度上解释了儿童期社会经济地位对中老年健康的影响。

模型三在模型一的基础上加入了健康行为作为控制变量。与模型一的结果相比较,模型三在回归系数的显著性和系数数值上并没有较大的改动,基本结论与模型一较为一致。模型四是完整的模型,相当于在模型二的基础上加入了健康行为的两个变量,其基本结果与模型二出入不大。由此可见,加入了是否曾吸烟、喝酒这两个健康行为变量后,儿童期社会经济地位对各健康指标的影响作用并没有发生很大的变化。

对四个模型的拟合基本证实了假设1和假设2。模型一的结果证实了假设1中提到的儿童期社会经济地位对老年人健康各指标产生显著影响作用,儿童期SES较好的人,在老年期会有更好的健康状况。数据分析结果不仅验证了这一假设,结果还显示儿童期社会经济地位(SES)对不同类型的健康指标有着不同的影响作用。在各个健康指标中,儿童期社会经济地位对心理健康、残障情况、IADL的影响作用最大(odds ratio较大),相比参照

表3 儿童社会经济地位对各健康指标的 logit 回归结果

因变量	儿童期 SES	模型一	模型二	模型三	模型四
自评健康	农村 & 非文盲	0.137**	0.101*	0.134**	0.098*
	城镇 & 文盲	0.168	-0.067	0.163	-0.068
	城镇 & 非文盲	0.548***	0.297**	0.541***	0.294**
	N	12097	12097	12097	12097
IADL	农村 & 非文盲	0.182***	0.122**	0.180***	0.120**
	城镇 & 文盲	0.608***	0.232*	0.600***	0.230*
	城镇 & 非文盲	0.730***	0.324***	0.723***	0.323***
	N	15034	15034	15034	15034
慢性疾病	农村 & 非文盲	0.018	0.047	0.016	0.045
	城镇 & 文盲	-0.004	0.151	-0.012	0.149
	城镇 & 非文盲	0.061	0.228*	0.055	0.228*
	N	14850	14850	14850	14850
残障情况	农村 & 非文盲	0.255***	0.158**	0.252***	0.156*
	城镇 & 文盲	0.508***	0.134	0.498***	0.129
	城镇 & 非文盲	0.825***	0.405*	0.817***	0.402*
	N	15418	15418	15418	15418
心理健康	农村 & 非文盲	0.109*	0.037	0.104*	0.033
	城镇 & 文盲	0.533***	-0.015	0.522***	-0.018
	城镇 & 非文盲	0.966***	0.381***	0.952***	0.375***
	N	14113	14113	14113	14113

注：*$p<0.05$, **$p<0.01$, ***$p<0.001$；模型一的控制变量为年龄、婚姻、性别等基本人口信息；模型二的控制变量为基本人口信息和成年期社会经济地位；模型三的控制变量为基本人口信息和健康行为；模型四为完整的模型，自变量包括儿童期社会经济地位、基本人口信息、成年期社会经济地位和健康行为。表3仅显示了儿童期社会经济地位在不同的模型中对各因变量指标的影响作用及变化情况。

组，居住地为城镇且父亲为非文盲者躯体没有残障的 odds 是参照组的 2.28 倍，心理较为健康的 odds 是参照组的 2.63 倍，IADL 无障碍的 odds 是参照组的 2.07 倍。儿童期 SES 对自评健康的影响较小，只有 16 岁以前居住地为农村且父亲为非文盲、居住地城镇父亲为非文盲显著，且 odds ratio 较小。而儿童期 SES 对是否患有慢性疾病的影响不显著。模型一的结果不仅为我们验证了儿童期社会经济地位对老年人健康的显著影响作用，更揭示了儿童期社会经济地位对不同类型的健康指标的不同影响作用。这一发现是很重要的，这将为我们揭示何种身体机能类型更容易受到社会经济地位的影响，更容易在社会分层和健康的分层中表现出来。

模型二验证了以往研究（Hayward，2004，1998；沈可，2008）的结论，即成年期 SES 在儿童期社会经济地位与老年人健康的关系中起到中介作用，儿童期 SES 通过影响成年期 SES 对老年人健康起到影响。模型二中加入了成年期社会经济地位之后，儿童期 SES 对老年人各健康指标的影响明显减弱或者消失。模型三并没有证实以往的儿童期社会经济地位通过影响长大后的吸烟、喝酒等不健康行为因素而影响健康的观点（Mheen et al.），但却与国内的一些研究结果类似（沈可，2008）。健康行为并没有在儿童期社会经济地位与老年人健康的关系中起到中介作用，模型三中加入了健康行为后，儿童期 SES 对老年人健康各项指标的影响与模型一中基本一致，并没有显著性和系数大小上的明显变化。

模型四的结果证实了假设 2，即儿童期 SES 对老年人健康具有直接的作用。在加入了成年期 SES 和健康行为这两个变量组之后，儿童期 SES 的影响作用依然存在。对于这样的结果有两种解释：其一，可能儿童期 SES 会通过其他的途径对以后的健康状况产生影响，而这些因素由于数据的限制在文中无法控制；其二，儿童期社会经济地位对老年人健康具有持久的"累积效应"，即儿童时期的社会经济经历和发生的事件会对人们以后的生命形态产生持久的影响作用。儿童期社会经济地位的直接影响作用表明，无论成年后的社会经济形态和生活习惯如何，儿童期经历过不利生活条件的人会有较差的健康状态。

2. 儿童期社会经济地位对中老年健康影响随年龄的变化

本文用模型四这一完整 logit 模型，预测了不同儿童期社会经济地位群体在不同年龄组的各健康指标较好的概率。由于预测折线通过模型四得来，因此在分析不同年龄段儿童期社会经济地位与各健康指标较好的概率时，控制了基本人口信息、成年期社会经济地位和健康行为等因素的影响作用。图 1 的四个小图分别为分年龄组的不同儿童期 SES 群体自评为健康的概率、ADL 健全的概率、无残障的概率以及心理健康的概率；由于以 IADL 为因变量的各项系数与 ADL 相似，而以是否得慢性疾病为因变量的模型中儿童期 SES 影响作用较之其他因变量不明显，因此图中只对其他四个健康指标的概率进行了预测。此外，在概率预测中，本文充分利用了 CHARLS 数据中 45—64 岁中年人群体的信息，将之一起纳入健康概率预测，以便比较儿童期社会经济地位对健康各指标的影响随年龄变化的变动情况，分析在进入老年期后二者的关系是增强了还是减弱了。

据图 1 显示，相比于 45—54 岁、55—64 岁年龄组，不同儿童期社会经济地位的 65 岁及以上老年人的自评健康、躯体残障、心理健康差异扩大了，并且这几个层面的健康差异在 75 岁及以上年龄组的高龄老年人中比 65—74 岁组老年人中更大。然而，在 IADL 层面，不同儿童期 SES 的老年人的 ADL 差异较之较低的年龄组变小；在高龄老年人组，这一差异小于 65—74 岁老年人组。然而儿童期社会经济地位与年龄的交互并不显著，没有呈现出随年龄增长影响显著变大或变小的趋势。然而这种影响却是持久的，一直在 75 岁及以上的老年期仍然存在影响。

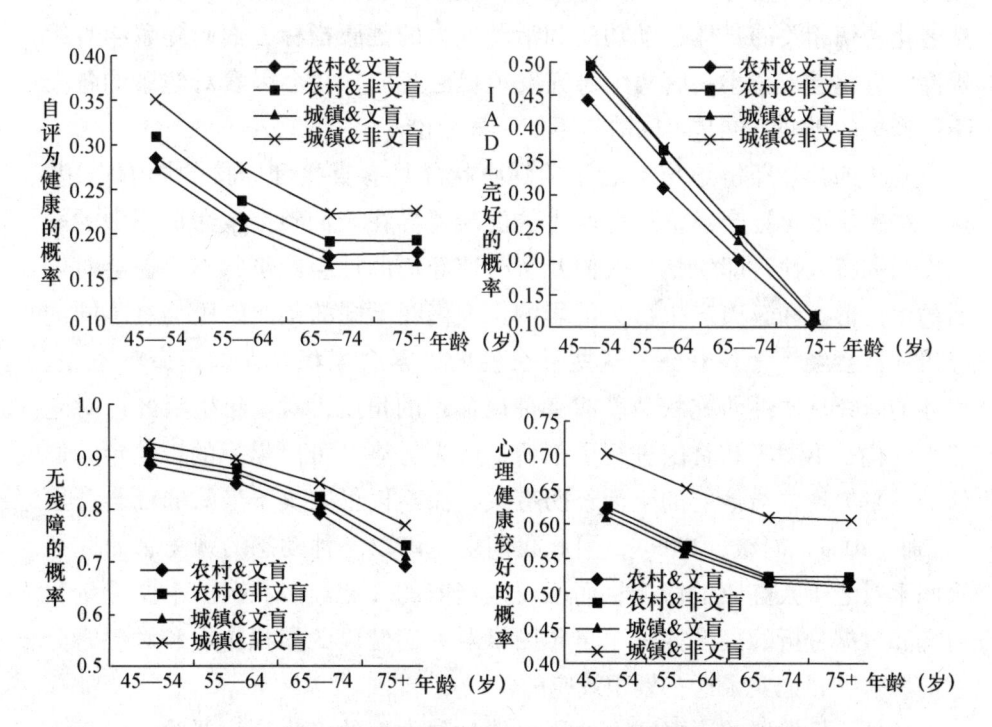

图 1 分年龄组的不同儿童期 SES 状况与健康较好的概率

五 结论与讨论

本文主要研究了儿童期社会经济地位与老年人各项健康指标的关系，研究结果表明，儿童期社会经济地位对老年期的健康状况产生影响，这种影响部分通过成年后的社会经济地位的中介作用表现出来，但并没有证据可以证明吸烟、喝酒等健康行为因素的中介作用的显著存在；在控制了当前社会经济地位和健康行为后，儿童期社会经济地位对老年人的健康各指标具有直接的显著影响作用，这一发现将为我们理解社会因素在人的健康中的累积性和持久性提供了基础；儿童期社会经济地位在某些健康指标上，比如心理健康、是否有耳聋等残障、ADL 和 IADL 四个方面的影响作用较大，而在自评健康和是否得慢性疾病方面影响较小；此外，分年龄组的儿童期社会经济地位与健康各指标关系的研究发现，在某些指标层面上，在较高的年龄组不同儿童期 SES 的老年人健康分化更加明显，但在与身体自然老化密切相关的身体运动功能和活动能力的健康指标方面则随着年龄组提高，分化越来越小。后两个研究发现提醒我们，社会因素对健康的各个不同指标的影响可能是不同的，不能一概而论。

儿童期社会经济地位对老年期健康状况具有直接和间接的影响作用，这一结果显示了社会经济地位产生的健康差异在人们整个生命历程中的累积作用和持久性，即使是在人们儿童时期经历的社会经济状态，也会对以后的生命形态和健康产生持久的影响。人们在不同的年龄阶段会有不同的经历和社会经济地位状态，这些社会性的因素会累积在人的健康状态中。以往的研究从质性研究的角度或者理论梳理的角度，对早年生活经历对老年人分化、不平等和贫困进行了剖析，认为劣势是可以累积的，老年人群体的不平等现象与他们的生活经历有关，而不仅仅取决于当前的社会分层（成梅，2004；胡薇，2009），因此我们也应该以一种动态的视角去研究社会因素对老年人健康的影响，而不仅是当前的社会经济状况。本文从量化研究和数据分析的角度探讨了早年因素对人们健康的累积作用和对健康分层的影响，并证实了这一累积效应的存在。

此外，虽然以往诸多国内外研究从某种类型的疾病患病风险、老年人死亡风险等角度去研究儿童期社会经济地位对以上变量的影响（Lynch，1994；沈可，2008等），且这些变量可以作为衡量人们健康水平的指标，但健康是一个多方位、多层次的概念，以往研究并没有对不同社会经济地位群体的健康状况做全面的分析和比较。本文评估了不同儿童期社会经济地位群体的多元的健康指标差异，发现在心理健康、是否有耳聋等残障情况、日常活动能力方面的老年人健康分层会更加明显。并且心理健康、残障情况的累积优势和劣势会随着年龄的增长而拉大，累积的效果会更加明显；但在与人的运动技能和自然老化有关的日常活动能力方面，会随着年龄的增长和老年人身体机能的衰退，而呈现出累积优势和劣势收敛的效果。

总之，人们生活在社会结构之中，处于社会中的位置及获得的资源对人的健康产生重要的影响。然而，社会经济因素的影响并非仅仅是即时性的，还具有长期的累积性。本文中儿童期社会经济地位在经历了漫长的生命过程后仍然对老年人健康分层具有一定的直接和间接的解释力，充分证明了这种累积效应的存在。早期生命阶段的经历和遭遇对老年期产生持久的影响，尤其是在某些方面的健康指标上尤为明显。对儿童期社会经济地位与老年期健康状况的关系研究，提醒我们要更加关注儿童贫困问题并予以政策上的关注。

参考文献

1. 成梅：《以生命历程范式浅析老年群体中的不平等现象》，《人口研究》2004年第5期。
2. 胡薇：《累积的异质性：生命历程视角下的老年人分化》，《社会》2009年第2期。
3. 沈可：《儿童期的社会经济地位对中国高龄老人死亡风险的影响》，《中国人口科学》2008年第3期。
4. 王甫勤：《社会经济地位、生活方式与健康不平等》，《社会》2012年第2期。
5. 张建国、山崎秀夫、阪部创一：《老年体质的异质性及生命历程中累积的影响》，《体育与科学》2012年第2期。
6. Black, Douglas, Jerry Morris, Cyril Smith and Peter Townsend, "Inequalities in health: report of a Research Working Group", London: Department of

Health and Social Security, 1980, 19.
7. Burr, M. and Sweetnam, P., "Family Size and Paternal Unemployment in Relation to Myocardial Infarction", *Journal of Epidemiology and Community Health*, 1980, 34 (2): 93.
8. Chen, J. & Wu, Z., Gender Differences in the Effects of Self-rated Health Status on Mortality among the Oldest-old in China, In Y. Zeng, D. L. Poston, D. A. Vlosky, D. Gu. (eds.), *Healthy Longevity in China: Demographic, Socioeconomic and Psychological Dimensions* (397 – 418), Dordrecht, The Netherlands: Springer Publisher, 2008.
9. Cohen, Sheldon, et al., "Childhood Socioeconomic Status and Adult health", *Annals of the New York Academy of Sciences*, 2010, 1186 (1): 37 – 55.
10. Galobardes, Bruna, John W. Lynch, and George Davey Smith, "Childhood Socioeconomic Circumstances and Cause-specific Mortality in Adulthood: Systematic Review and Interpretation", *Epidemiologic Reviews*, 2004, 26 (1): 7 – 21.
11. Gu, D. & Dupre, M. E., Assessment of Reliability of Mortality and Morbidity in the 1998 – 2002 CLHLS Waves, In Y. Zeng, D. L. Poston, D. A. Vlosky, & D. Gu. (eds.), *Healthy Longevity in China: Demographic, Socioeconomic, and Psychological Dimensions*, Dordrecht, The Netherlands: Springer Publisher, 2008, 99 – 115.
12. Guralnik, Jack M., et al., "Childhood Socioeconomic Status Predicts Physical Functioning a Half Century Later", *The Journals of Gerontology Series A: Biological Sciences and Medical Sciences*, 2006, 61 (7): 694 – 701.
13. Jefferis, Barbara JMH, et al., "Effects of Childhood Socioeconomic Circumstances on Persistent Smoking", *American Journal of Public Health*, 2004, 94 (2): 279 – 285.
14. Lynch, John W., et al., "Childhood and Adult Socioeconomic Status as Predictors of Mortality in Finland", *The Lancet*, 1994, 343 (8896): 524 – 527.
15. Laaksonen, Mikko, et al., "Socioeconomic Position and Self-rated Health: the Contribution of Childhood Socioeconomic Circumstances, Adult Socioeconomic Status and Material Resources", *American Journal of Public Health*,

2005, 95 (8): 1403 – 1409.
16. Lowry, Deborah and Yu, Xie., "Socioeconomic Status and Health Differentials in China: Convergence or Divergence at Older Ages?" Research Report, 09 – 690, 2009, Population Studies Center, University of Michigan.
17. Link, Bruce G. and Jo C. Phelan, "Social Conditions as Fundamental Causes of Disease", *Journal of Health and Social Behavior*, 1995, 35: 80 – 94.
18. O'Rand, A. M., "The Precious and the Precocious: Understanding Cumulative Advantage Over the Life Course", *The Gerontologist*, 1996, 36 (2): 230 – 238.
19. Poulton, Richie, et al., "Association between Children's Experience of Socioeconomic Disadvantage and Adult Health: A Life – course Study", *The Lancet*, 2002, 360 (9346): 1640 – 1645.
20. Rahkonen, Ossi, Eero Lahelma and Minna Huuhka, "Past or Present? Childhood Living Conditions and Current Socioeconomic Status as Determinants of Adult Health", *Social Science & Medicine* 44, 1997, (3): 327 – 336.
21. Treiman, Donald J., and Kam – Bor Yip, "Educational and Occupational Attainment in 21 Countries", *Cross – national Research in Sociology*, 1989, 373 – 394.
22. Van de Mheen, H., et al., "Does Childhood Socioeconomic Status Influence Adult Health through Behavioural Factors?", *International Journal of Epidemiology*, 1998, 27 (3): 431 – 437.
23. Williams, David R., "Socioeconomic Differentials in Health: A Review and Redirection", *Social Psychology Quarterly*, 1990, 53 (2): 81 – 99.
24. Yi, Zeng, Danan Gu and Kenneth C. Land, "The Association of Childhood Socioeconomic Conditions with Healthy Longevity at the Oldest – old Ages in China", *Demography*, 2007, 44 (3): 497 – 518.
25. Yi, Zeng, Danan, Gu and Kenneth C. Land, "The Association of Childhood Socioeconomic Conditions with Healthy Longevity at the Oldest – old ages in China", *Demography*, 2007, 44 (3): 497 – 518.
26. Zhu, Haiyan and Yu Xie, "Socioeconomic Differentials in Mortality among the Oldest Old in China", *Research on Aging*, 2007, 29 (2): 125 – 143.

混合变量类型之潜在变量模型在健康研究中的应用

李 强 张 震[①]

一 问题的提出

随着医学模式从传统生物医学模式（biomedical model）向生物—心理—社会医学模式（biopsychosocial model）的转变，健康的概念也不再是没有疾病或虚弱，而是在躯体上、心理上以及社会适应性上的完好状态（WHO, 1946）。健康成为一个复杂而抽象的概念，包括生理、心理和社会适应三个大的方面，因此，个体的健康状况很难用一个变量来衡量，而是需要多个维度的指标来综合测量。比如我们常见的生活自理能力、认知能力、手的握力、躯体功能等，这些可观测的变量从不同的维度来测量个体的健康状况，将这些观测值综合起来，我们可以对个体的健康状况有一个综合的评估（见图1中间一列）。这些变量的类型不同，比如，手的握力是一个连续变量，认知能力是离散变量，生活自理能力根据研究的需要可以是二分类变量（binary），也可以是定序变量（ordinal variable），如何将这些不同类型的变量综合起来反映个体的健康状况是健康研究中的重点。如果观测变量都是连续变量，那么我们可以使用多变量分析方法（multivariate models，如主成分分析或因子分析）来分析健康状况（Johnson & Wichen, 2002）。如果观测变量都是离散变量，我们可以使用潜在分类模型（latent

---

[①] 李强，女，华东师范大学人口研究所副教授；张震，男，复旦大学人口研究所副教授。

class models)(Agresti, 2002)。但是当观测变量既包括连续变量又包括离散变量的时候，上述两类方法就不适用了，而实际研究中，观测变量是两类变量类型混合的情况很常见，如何能在一个模型中处理混合变量类型的分析是健康研究中的难点。

另外，一些因素如年龄、性别、社会经济状况等变量会影响这些观测变量，进而会对健康状况产生影响，如果在分析的时候不考虑这些协变量，就会将个体在这些变量的差异混同为个体在健康状况上的差异（见图1右侧方框部分）。比如，一般而言，受教育程度高的人认知能力好，在研究认知能力的时候，如果不控制受教育程度的影响，那么个体在受教育程度上的差异就会被误解为是认知能力的差异，进而被误解为是个体在健康状况上的差异。而且，健康状况这个潜在变量本身也会受到诸如基因、收入、环境等的影响（见图1实线椭圆的部分）。如果在分析中不考虑这些协变量，那么我们对个体健康状况的评价就会有偏差。上述多变量分析方法和潜在分类模型均不能控制协变量的影响。广义估计方程（generalized estimating equations）可以考虑协变量的影响，但是不能估计观测变量之间的关系（Liang & Zeger, 1986; Zeger & Liang 1986; Sammel, Ryan & Legler, 1997）。

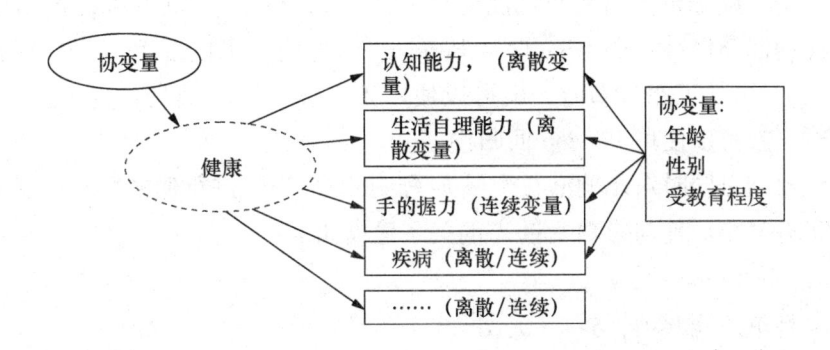

图1 观测变量（认知能力等）、潜在变量（健康）和协变量（年龄等）的关系图

综上所述，这些在分析中常用的方法不能在一个模型中处理同时含有连续变量和离散变量的情况，也不能考虑协变量对观测变量和潜在变量的影响。混合变量类型之潜在变量模型（latent variable models for mixed discrete and continuousoutcomes, Sammel, Ryan & Legler, 1997) 正是处理这些情况的模型，该模型是潜在变量模型的一类，在一个模型中既可以分析多个不同类型的变量，也可以考察影响观测变量和潜在变量的协变量。本研究将介绍该潜在变量模型，并将之应用到中国健康与养老追踪调查（China Health and Retirement Longitudinal Survey, CHARLS）2011 年的基线数据，深入研究中国中老年人的健康状况及其影响因素。

二 方法与数据

（一）混合变量类型之潜在变量模型

混合变量类型之潜在变量模型是 Sammel, Ryan & Legler (1997) 发明的统计方法，专门用于分析观测变量是连续变量和离散变量的混合情况。该模型假设潜在变量 h_i 是连续的，服从正态分布。观测变量是 y_{im}，i 表示个体，m 表示观测变量。给定潜在变量 h_i 和协变量 x_{im}，y_{im} 是独立的，服从指数族分布（exponential family），$y_{im} \sim f(y_{im} | h_i, x_{im})$。常见的分布如正态分布、二项分布、Possion 分布、指数分布、负二项分布和 Gamma 分布都属于指数族分布。因此当观测变量服从这些分布时，就可以在模型中使用相应的回归模型。如当 y_{im} 服从 Bernoulli 分布时，可以使用 logistic 回归模型，当 y_{im} 服从正态分布时，就可以使用正态线性回归模型，当 y_{im} 是计数分布时，就可以使用 Possion 回归模型。

该模型可同时对影响潜在变量 h_i 和观测变量 y_{im} 进行建模。潜在变量 h_i 服从正态分布，其与影响变量 z_i 的关系建模如下：

$$h_1 = z_1 \theta + \delta_i \tag{1}$$

δ_i 是正态残差项，$\delta \sim (0, \delta^2)$。

观测变量 y_{im} 的期望值 u_m 是潜在变量 h_i 和协变量 x_{im} 的 g 函数：

$$\mu_m = g(\beta_{0m} + \beta_{1m} h_i + \beta_{2m} x_{i1} + \cdots + \beta_{(P+1)m} x_{ip}) = g(X_i^T \beta_m)$$

$$X_i = (1, h_i, x_{i1}, \cdots, x_{ip})^T$$

$$\beta_m = (\beta_{0m}, \beta_{1m}, \cdots, \beta_{(P+1)m})^T \tag{2}$$

模型中的 $\beta_{1m} h_i$，h_i，β_{1m} 表示潜在变量与观测变量之间的关系。X 是协变量，是待估系数。方程（2）是观测变量的一般形式，针对观测变量服从不同的分布，g 函数有不同的形态。本文中我们主要考虑 Bernoulli 分布和正态分布的混合。我们主要估计参数 $\beta = (\beta_1, \cdots, \beta_m)$，用来考察观测变量和潜在变量、协变量的关系，以及潜在变量和协变量的关系。参数估计可通过对观测变量 y_i 的边际分布 $f(y_i)$ 沿 h_i 的分布积分来获得：

$$f(y_i) = \int f(y_i \mid h_i, x_i, \beta, \phi) f(h_i, z_i, \theta) dh_i \tag{3}$$

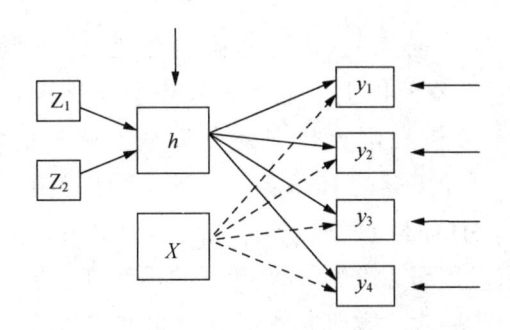

图 2　混合多维变量类型之潜在变量模型图

本文中观测变量的分布我们假设为两种，离散变量如生活自理能力服从 Bernoulli 分布。连续变量如手的握力服从正态分布。当观测变量服从 Bernoulli 分布，成功的概率是：

$$y_{im} \mid (h_i, x_{im}) \sim Bernoulli(\pi_m) \tag{4}$$

Bernoulli 观测变量的期望值，其线性影响因素可通过逻辑斯特方程转换：

$$\pi_m(h_i, x_{im})^2 = \mu_m = g(h_i, x_{im}, \beta_m) = \frac{\exp(x_i^T \beta_m)}{1 + \exp(x_i^T \beta_m)} \tag{5}$$

当观测变量服从正态分布时：

$$y_{im} \mid (h_i, x_{im}) \sim MN(\beta_0 + h_i \beta_i + x_{il} \beta_2 + \cdots + x_{i(p+1)} \beta_{p+1}, \psi) \tag{6}$$

其中，$\psi = \text{diag}(\sigma_m^2)$，其线性影响因素可通过单位连接函数转换：

$$\eta_m = (I_m, h_i I_m, x_{i1} I_m, \cdots, x_{ip} I_m) \begin{pmatrix} \beta_0 \\ \beta_2 \\ \vdots \\ \beta_{p+1} \end{pmatrix} = X_i^T \beta \tag{7}$$

方差矩阵 $V_m = 1$，标度因子 $\phi_m = \sigma_m^2$。

由于 h_i 是观测不到的潜在变量，给定 h_i，y_i 是条件独立，因此我们使用 EM 算法来估计参数 $\zeta = (\theta, \beta, \phi)$。潜在变量 h_i 的估计值使用其后验均值 $E_h(h_i | y_i)$。我们使用 R 软件来实现估计过程。

（二）中国健康与养老追踪调查数据

1. 数据

本研究使用的数据来自中国健康与养老追踪调查（CHARLS），CHARLS 数据收集 45 岁及以上中老年家庭和个人及其配偶（可能小于 45 岁）的数据，用于分析我国人口老龄化问题。调查的详细介绍请参阅（Zhao, 2014）。它属于著名的 HRS 系列，该系列自美国开始，后被多个国家采用，如欧洲的 SHARE（Survey of Health and Retirement in Europe）。中国由北京大学国家发展研究院于 2008 年开始预调查，2011 年开始全国追踪调查，此后每隔一年一次，本研究使用 2011 年的全国基期调查数据。基线调查覆盖全国 28 个省、自治区 150 个县级单位和 450 个村级单位 10257 户中的一个至少年满 45 岁的人，包括其配偶，共计 17708 人。CHARLS 数据采用多阶段（县/区—村/社区—家户）、分层（依据区县的人均 GDP），按照人口规模分配比例的随机概率抽样（PPS）。调查通过面对面的计算机辅助调查的方法（CAPI）收集这些样本的个人基本信息、健康状况、体格测量、医疗服务、养老金、收入、消费和社区基本情况等。

2. 变量的测量

（1）有关健康的观测变量

CHARLS 有关健康的数据非常丰富，根据研究目的，本文选用一个连续变量——手的握力，三个分类变量——生活自理能力（IADL）、认知能力和是否为身体疼痛而苦恼来综合研究中老年人的健康状况。为了简便起见，三个分类变量均是二分类变量。①手的握力的测量在 CHARLS 的体检问卷中，使用握力计来测量被访者双手的最大握力，在测试之前，询问被访者习惯用哪只手，每只手测量两次。我们取被访者习惯用的那只手的两次测量的平均值作为他/她的手的握力值（公斤数）。②工具性生活自理能力（IADL）：我们这里使用工具性生活自理能力来作为生活自理能力的测量变量主要是因为 CHARLS 的被访者是中老年人（45 岁及以上），使用基本生活自理能力（ADL）不适合 60 岁以下的中年人，而且 CHARLS 只对 60 岁以上的受访者测量 ADL。工具性的生活自理能力包括 5 项内容：做家务（包括房屋清洁、洗碗盘、整理被褥和房间摆设）、做饭、去商店买食品杂货、管钱（支付账单、管理财务）和吃药。被访者的回答分为 4 个等级，1 没有困难，2 有困难但仍可以完成，3 有困难需要帮助，4 无法完成。五项活动均能自己完成的（回答 1 和回答 2），说明生活自理能力好，有一项及以上不能自己完成的，视为生活自理能力差。③认知能力：认知能力的测量包括两部分内容。一部分是受访者对读给他听的 10 个词语的瞬间记忆和 4 分钟之后的延迟记忆，满分是 20 分。另一部分是根据认知状况量表测量的计算能力、是否能够使用笔、是否能说出今天的日期以及画出示例的图形，满分是 13 分。两部分测量的满分是 33 分，获得 10 分以上的视为认知能力没有缺损，10 分以下的视为认知能力存在不同程度的缺损。④是否为身体疼痛而苦恼：CHARLS 用一个问题来测量"您经常为身体疼痛而感到苦恼吗？"回答分为是和否。

表1　　　　　有关健康的观测变量和协变量及其关系

因变量	自变量	
	潜在健康状况	协变量
观测变量		
连续变量		
手的握力	h	年龄、膝盖到地的长度
离散变量		
生活自理能力	h	年龄
认知能力	h	年龄、受教育程度
是否感到疼痛	h	年龄
潜在健康状况	—	婚姻状况、居住地类型、社会活动

（2）协变量的测量

影响潜在健康变量的协变量考虑婚姻状况（在婚和不在婚）、居住地类型（城镇和农村）和社会活动参与。在婚包括已婚与配偶一同居住和已婚但不与配偶一同居住，不在婚包括分居、离异、丧偶和从未结婚。社会活动参与包括8项活动：串门、跟朋友交往；打麻将、下棋、打牌、去社区活动室；无偿向不住在一起的亲人、朋友或邻居提供帮助；去公园或者其他场所跳舞、健身、练气功等；参加社团组织活动；志愿者活动或者慈善活动；无偿照顾与您不住在一起的病人或残疾人；上学或者参加培训课程。这8项活动只要参与其中的至少1类活动就定义为参与社会活动，如果1项都不参与，就定义为不参与社会活动。

影响观测变量的协变量包括年龄、受教育程度（针对认知能力）、膝盖到地的长度（针对手的握力）。年龄是连续变量。受教育程度分为5类：文盲、未读完小学/私塾、小学毕业、初中毕业和高中毕业及以上。膝盖到地的长度使用马丁尺测量，被访者赤足坐在椅子上接受测量，这一指标主要是测量身高。通常身高高的人手的握力也大，因此在分析手的握力影响因素时，都会控制身高的影响。

本文样本中，所有的变量都存在程度不同的缺失值。特别是手的握力和膝盖到地的高度两个变量，缺失值最多，分别是4480和4306缺失值。我们采取删除有缺失值样本的方法，最后的样本是12882人，其中女性样本量为6713，男性样本量为6169。由于男女在健康方面存在较大的差异，我们分性别分析，这样做同时也保证样本的独立性（因为被访者包括家庭中的夫妇）。

三　结果

（一）中老年人的健康状况和社会人口特征

表2是样本中各变量分性别的描述统计。总的来看，男性的健康状况比女性好，男性手的握力比女性大近12公斤，工具性的生活自理能力也比女性好，认知能力显著好于女性，81%的男性认知功能得分在10分以上，而女性只有67%，这可能是由于男性的受教育程度比女性高。由于身体疼痛而烦恼的比例也显著低于女性，27%的男性会因身体疼痛而烦恼，女性则

表 2　分性别的样本在研究变量上的描述统计

	男	女
可观测的健康变量		
手的握力（公斤）	36.49（9.83）	24.62（7.68）
生活自理能力		
0 自理能力较差	10.26	14.82
1 自理能力较好	89.74	85.18
认知能力		
0 认知功能缺损	19.03	32.51
1 认知功能无缺损	80.97	67.49
是否因身体有疼痛而烦恼		
0 是	27.27	39.13
1 不是	72.73	60.87
观测变量模型的协变量		
年龄	60.24（9.33）	59.16（9.62）
膝盖到地的长度（厘米）	49.74（3.07）	46.25（3.13）
受教育程度		
文盲	13.0	41.89
未读完小学/私塾	19.69	18.03
小学毕业	27.17	17.48
初中毕业	25.72	15.11
高中毕业及以上	14.41	7.49
潜在变量模型协变量		
居住地类型		
城市	18.38	20.65
农村	81.62	79.35
婚姻状况		
在婚	90.12	83.97
不在婚	9.88	16.03
社会活动参与		
参与至少一项活动	47.02	47.72
不参与任何活动	52.98	52.28

有近40%的比例，这一方面可能是由于女性遭受的身体疼痛多，另一方面也是男女对疼痛的耐受性不同。从其他协变量的统计分布来看，男女在年龄、居住地类型和社会活动参与上的差异很小，但是在身高、受教育程度和婚姻状况上则存在明显的性别差异。男性的受教育程度明显高于女性，男性只有13%的被访者是文盲，而女性则有近42%的文盲，其他类别受教育程度的比重男性均高于女性。男性的在婚比重高于女性，这可能是因为在老年阶段女性的丧偶率要远高于男性。鉴于这些性别差异，我们进行分性别分析。

（二）中国中老年人的健康状况及影响因素

参数估计见表3。我们列出了点估计值和95%的置信区间，如果95%的置信区间包括0，则说明自变量和因变量之间没有显著的相关关系。我们的研究发现，不论男女，参与社会活动的中老年人的健康状况比不参与社会活动的好，居住在城市的中老年人的健康状况比居住在农村的好。婚姻对健康状况的影响存在明显的性别差异，男性在婚的健康状况比不在婚的健康状况好，但是女性在婚与不在婚的健康状况没有显著差异。说明婚姻对健康的保护作用对男性是显著的。

潜在变量健康状况和四个观测变量均显著相关（表3中斜体的参数估计）。首先看连续变量手的握力与潜在健康状况的关系，不论男女，控制了年龄和身高变量后，健康状况均与手的握力显著相关，健康状况好的人手的握力也大。男性的相关关系比女性大。健康状况每上升一个单位，男性手的握力就会增长3.24公斤，而女性只增长1.53公斤。生活自理能力、认知能力和是否因身体疼痛而烦恼也都与潜在健康状况显著相关，健康状况好的人，其生活自理能力好、认知能力高以及因为身体疼痛而烦恼的概率低。

我们的研究也发现，年龄和各个健康维度呈负相关关系，随着年龄的增长，中老年人手的握力下降、生活自理能力和认知能力变差、由于身体疼痛而烦恼的概率上升。身高和手的握力显著相关，身高高的人其手的握力也大。受教育程度与认知能力显著相关。受教育程度高，其认知能力也好。这些研究结构与以往的研究一致，也说明该模型的效度高，能够很好地用于研究中老年人的健康状况。

表3　参数估计

	男性		女性	
潜在健康变量模型				
参与社会活动（不参与）	0.370	(0.279, 0.461)	0.343	(0.255, 0.431)
在婚（不在婚）	0.294	(0.146, 0.442)	0.017	(−0.103, 0.137)
居住在城市（农村）	0.565	(0.441, 0.689)	0.782	(0.660, 0.904)
观测变量模型				
手的握力				
截距	37.315	(33.485, 41.145)	27.999	(25.210, 30.788)
潜在健康状况	3.264	(2.886, 3.642)	1.772	(1.509, 2.035)
年龄	−0.467	(−0.490, −0.444)	−0.310	(−0.328, −0.292)
膝盖到地的高度	0.514	(0.445, 0.583)	0.311	(0.258, 0.364)
方差	61.269	(58.131, 64.407)	44.689	(42.965, 46.413)
工具性生活自理能力				
截距	6.684	(5.744, 7.624)	6.680	(5.846, 7.514)
潜在健康状况	1.453	(1.184, 1.722)	1.534	(1.266, 1.802)
年龄	−0.073	(−0.086, −0.060)	−0.078	(−0.089, −0.067)
认知能力				
截距	2.408	(1.795, 3.021)	3.182	(2.677, 3.687)
潜在健康状况	0.750	(0.610, 0.890)	0.827	(0.691, 0.963)
年龄	−0.041	(−0.050, −0.032)	−0.057	(−0.065, −0.049)
没有完成小学（文盲）	1.069	(0.854, 1.284)	0.997	(0.829, 1.165)
小学（文盲）	1.594	(1.379, 1.809)	1.696	(1.500, 1.892)
初中（文盲）	2.232	(1.970, 2.494)	2.137	(1.879, 2.395)
高中及以上（文盲）	2.718	(2.338, 3.098)	3.032	(2.512, 3.552)
因身体疼痛而烦恼				
截距	1.040	(0.588, 1.492)	0.652	(0.268, 1.036)
潜在健康状况	0.808	(0.680, 0.936)	0.755	(0.644, 0.866)
年龄	−0.006	(−0.013, 0.001)	−0.007	(−0.013, −0.001)

注：括号中是分类变量的参照组。

四　结论

本研究介绍了潜在变量模型的一类——混合变量类型模型并将之应用于中国健康与养老追踪调查数据，深入研究中国中老年人的健康状况及其影响因素。在进行实证数据应用之前，我们进行了模型的模拟研究（这里没有展示），模拟研究表明，该模型对同时处理连续变量和离散变量的拟合度很好。在实证数据研究中，模型的拟合度也非常好。需要指出的是，在模型应用中，为了简便起见，我们只考虑了正态分布（连续变量）和Bernoulli分布（离散变量）两种情形，实际上，只要变量的分布属于指数族分布，如连续变量的指数分布、Gamma分布，离散变量的Possian分布等，都可以将该模型拓展加以应用。

我们的研究发现，在婚、居住在城市和积极参与社会活动可以促进中老年人的健康状况。婚姻和积极参与社会活动对健康状况的保护作用与以往许多研究的结论一致（Hughes & Waite, 2009; Schoenborn, 2004; Carlos, 2003）。但是婚姻对健康的保护作用存在性别差异，男性存在显著差异，而女性则不存在显著差异。在中国城乡差别巨大，城市和农村在收入、养老、医疗健康、生活方式、生态环境等方面存在巨大的差异，居住在城市的人收入较高，健康和医疗资源丰富且质量高，受教育程度也高，因而居住在城市的人群健康状况较好（Woo et al., 2008）。缩小城乡差异可以提高农村人的健康状况进而提高整体人群的健康状况。

本研究进一步的拓展方向主要在以下两方面：（1）加入其他维度的健康变量，如疾病等来更全面地考察中老年人的健康状况。考虑更多的协变量，比如职业、环境以及其他行为变量（吸烟和饮酒）等。（2）本研究中没有考虑缺失值对模型拟合的影响。在我们的考察变量中，手的握力和膝盖到地的高度这两个变量的缺失值占数据总样本的大约1/4。缺失的主要原因是被访者由于健康状况差无法完成测试，因此我们的研究实际上是在相对比较健康的样本中进行的，也就是说缺失值不是随机缺失（MAR：Missing at random）的。我们需要进一步优化模型，考虑在缺失值不是随机缺失的状况下的模型估计。

参考文献

1. Agresti, A., Categorical Data Analysis, 2nd edn, Wiley, New York, 2002.
2. Carlos F. Mendes de Leon, Thomas A. Glass, and Lisa F. Berkman, Social

Engagement and Disability in a Community Population of Older Adults: The New Haven EPESE, *American Journal of Epidemiology*, 2003, 157 (7): 633–642.

3. Hughes, M. E, and Waite, L. J., Marital Biography and Health at Midlife, *Journal of Health and Social Behavior*, 2009, 50, 344–358.

4. Johnson, R. A. and Wichern, D. W., Applied Multivariate Statistical Analysis, 3rd edn, Englewood Clis: Prentice Hall, 1992.

5. Liang, K. Y. and Zeger, S. L., Longitudinal Data Analysis Using Generalized Linear Models, *Biometrika*, 1986, 73, 13–22.

6. Saczynski J. S., Pfeifer, L. A., Masaki K., Korf ES. C., Laurin D., White L. and Launer, L. J., The Effect of Social Engagement on Incident Dementia: The Honolulu–Asia Aging Study, *American Journal of Epidemiology*, 2006, 163 (5): 433–440.

7. Sammel M. D., Ryan L. M. Ryan, Legler J. M., Latent Variable Models for Mixed Discrete and Continuous Outcomes, *Journal of the Royal Statistical Society Series B*, 1997, 59 (3): 667–678.

8. Schoenborn, C., Marital Status and Health: United States, 1999–2002. U. S. National Centerfor Health Statistics, *Advance Data from Vital and Health Statistics*, 2004: 1–32.

9. Woo J, Zhang X. H., Ho S. Sham A., Tang Z. Fang X. H., Influence of Different Health–care Systems on Health of Older Adults: A Comparison of Hong Kong, Beijing Urban and Rural Cohorts Aged 70 Years and Older. *Australasian Journal of Ageing*, 2008, 27 (2): 83–88.

10. Zeger, S. L. and Liang, K. Y., Longitudinal Data Analysis for Discrete and Continuous Outcomes, *Biometrics*, 1986, 42, 121–130.

11. Zhao Yaohui, Hu Yisong, Smith J., Strauss J. and Yang, Gonghuan, Cohort Profile: The China Health and Retirement Longitudinal Study (CHARLS), *International Journal of Epidemiology*, 2014, 43 (1): 61–68.

代际关系对老年人死亡风险的影响

李春华[①]

一 问题的提出

自我国进入老龄化社会以来，人口老龄化进程日益严峻。据 2010 年第六次人口普查数据显示，我国 65 岁及以上的人口从第五次人口普查占总人口 6.96% 的比例上升至第六次人口普查占总人口 8.87% 的比例（国务院第六次全国人口普查办公室，2011），然后这一比例不断地攀升，经历了 2011 年的 9.1%（国家统计局，2012）、2012 年的 9.4%（国家统计局，2013）以及 2013 年的 9.7%（国家统计局，2014），终于在 2014 年年末突破两位数，达到 10.1%（国家统计局，2015）。由此可以看出，现实生活中我国正面临严峻的人口老龄化挑战。

在这种形势下，健康老龄化或者期望寿命的增加是我国政府旨在实现的目标之一。许多学者也围绕这一课题进行如何实现健康老龄化、如何延长寿命以及对影响死亡的因素的探讨，也得到了一些相关的研究成果。

与很多国家不同，我国传统文化中的反哺观念以及对孝道的提倡，凸显了我国老年人与他们的后代之间存在千丝万缕的、割舍不断的联系，例如他们与儿子同住，后代在经济上和生活上照料老年人，那些即使不与老年人同住的子女也负有在经济上赡养老年人的义务，等等。因此，代际关系是在考察老年人寿命或者死亡研究中不可忽视的一个重要因素。

那么，代际关系的好坏是否会对老年人的死亡风险产生影响呢？在众

[①] 李春华，女，广西民族大学商学院讲师。

多的代际关系中,哪些具体的代际关系因素会产生影响,其影响的作用和方向又是怎样的等问题,将是本研究的主要内容。

二 文献回顾和研究假设

在对老年人健康的代际关系分析中,国外学者涉足得较早。有研究指出,良好的家庭关系、代际支持与老年人较好的健康状况、较高的生活质量以及较低的死亡风险有着紧密联系(Cornell,1992)。成年子女给父母的经济支持可以同时降低乡村老年人的抑郁程度和提高生活满意度(Silverstein et al.,2006)。来自子女的感情支持能缓解老年人的精神压力,提高生活质量,对老年人的存活具有显著的积极影响(Bisconti and Bergeman,1999)。来自配偶、兄弟姐妹以及子女的支持网络越强大,老年人的死亡率越低(Berkman & Syme,1979;Crimmins,1986)。一项来自韩国的研究也指出,相比那些只从子女处获得支持的老年人,那些不仅从子女处获得支持,而且还同时给予子女支持的老年人生活满意度得分更高(Ik Ki Kim & Cheong – Seok Kim,2003)。有学者运用1971—1985年美国经济稳定的白人中产阶级和工人阶级家庭的数据,发现父母—子女的亲密关系不能直接地延长父母的寿命,也不能延迟父母遭受社会挫折的影响。但是,这种代际之间的感情关系能够帮助父母处理由家庭成员突然离开而带来的痛苦,延迟这种痛苦带来的死亡。他们进一步发现,当父母一方死亡的时候,代际之间的感情联系能够减少父母中另一方死亡的风险(Silverstein & Bengtson,1991)。我国多数学者的研究结论也表明来自子女的生活照料、经济支持和感情支持对老年人的存活具有显著的积极影响(张震,2002;王跃生、伍海霞,2011),但是,与和睦的代际对老年人的寿命具有正向的影响作用结论不同,国外最近来自欧洲的一项研究结果表明,来自子女的支持对老年人的死亡没有造成显著的影响(Pearl & Aafke,2012);是否与子女同住与老年人的健康无关,合住不一定有利于老年人的身心健康;而分住不一定妨碍子女对老年人进行各种支持,从而对其健康起到促进作用(张岭泉,2012)。换言之,是否有来自子女的支持,老年人的死亡风险都相差不大。上述文献回顾揭示,绝大多数研究表明,和睦的代际关系降低了老年人的死亡风险，另外，上述研究给本研究的提示是：在对代际关系的研究上不仅应考察来自后代对老年人的支持，也应该考虑到老年人与后代之间的互动因素；不仅应该从物质层面进行考察，也要从精神层面进行研究。只有这样，才能更全面地反映代际关系对老年人死亡风险的影响作用。

在对老年人死亡的社会学影响因素分析中，学者们除了对社会/家庭支持进行分析以外，还对一些社会人口因素、健康状况和生活方式等方面的因素进行了探讨。在社会人口因素研究方面，有研究揭示，教育与寿命相关，那些低教育程度者较高教育程度者死亡率会增加20%；职业也与寿命相关，体力劳动者的死亡率也较非体力劳动者增加两成的比例（Martelin et al.，1998）。相对于高收入组，低、中收入组的死亡风险也显著增加（Paula, et al.，1998）。就婚姻状况而言，多数研究指出，已婚人士比未婚人士活得更久（顾大男，2003；焦开山，2010）。在健康状况对老年人死亡风险的影响方面，国内外学者对于不良的健康状况与高死亡率高度相关这一结论基本上得到了一致的认同（杨向荣，2007）。不仅如此，精神健康、乐观者会更倾向于长寿（刘向红等，2002；孟琛等，2004；柳玉芝、李强，2004）。在生活方式方面，有研究揭示，坚持锻炼的老人会获得更好的存活机会（Stessman, et al.，2009），参加宗教活动者比不参加宗教活动者更长寿（Douglas, et al.，1998；Robert，1999；朱荟、陆杰华，2012）；与他人的互动越是频繁，越是活得长久（Anme, et al.，2007）。这些因素为本研究对老年人死亡风险的影响在寻找控制因素方面提供了重要的参考。

另外，在文献回顾过程中本研究也注意到，在对老年人死亡风险的影响因素分析中，在方法的使用上，多数学者采用logistic回归或者Cox风险模型的分析方法，而这些方法，尽管也控制了一些其他因素，但多数情况下没有考虑到健康状况/死亡风险和居住安排之间的内生性问题，它们之间可能是互为因果的关系，即那些健康状况不好、死亡风险较高的老年人更可能与子女/后代同住，反之亦然。因此，本研究将在事件史数据的基础上，采用倾向值加权的方法来解决这一问题。另外，在使用事件史数据时，很多研究假设被调查者面临的风险是相同的，而事实上，在现实社会中他们所面临的风险是不同的。因此，本研究采用考虑了脆弱性因子（frailty）的 Cox 风险模型来进行研究。关于倾向值加权和脆弱性 Cox 模型的方法将在后文做进一步的介绍。

因此，本研究将从代际关系的角度，包括同住、后代支持、老年人的精神需要以及代际互动这四个层面，在控制一些重要影响因素的情况下，采用较新数据和 frailty Cox 分析方法考察代际关系对老年人死亡风险的净作用。

三 数据与方法

（一）数据

本研究将使用中国老年健康影响因素跟踪调查（CLHLS）2002—2011/2012 年共四次的追踪数据。该研究的第一次调查（基线调查）于 1998 年进行，随后的跟踪调查分别在 2000 年、2002 年、2005 年、2008—2009 年、2011—2012 年和 2014—2015 年进行。CLHLS 基线调查和跟踪调查涵盖了中国 31 个省市、区中的 23 个，包括辽宁、吉林、黑龙江、河北、北京、天津、山西、陕西、上海、江苏、浙江、安徽、福建、江西、山东、河南、湖北、湖南、广东、广西、四川、重庆、海南。该研究在 22 个调研省份（不包括海南省）中随机选择大约一半的市/县作为调研点进行调查得到相应的数据。

由于 1998 年的基线调查对象是年龄在 80 岁及以上的高龄老年人，并且问卷中没有涉及老年人与后代之间的情感互动调查，而 2002 年的调查新增了 65—79 岁老年人的样本，也调查了一些代际互动的情况，因此根据本研究的需要和数据的可得性，选取了 2002—2011/2012 年的追踪数据。

本研究对象为 65—105 岁的老年人。在后续的调查中存在失访的个案。对于在 2005 年失访的老年人，我们无法知道他们是否存活，故对之进行了删除；另外，对于在 2008 年、2011/2012 年失访的老年人，他们提供了有关存活期间的信息，故保留了这部分样本。通过剔除一些缺失值、不适合的填答个案，最终纳入统计模型的基期样本量为 6226 个。

关于老年人的死亡情况，2002年中有2618位老年人在2005年调查之前死亡，有1054位在2008年调查之前死亡，有464位在2011/2012年调查之前死亡。因此在观察窗口期，共有4136位老年人死亡，1146位在世，944位失访。

（二）变量

本研究的因变量是从基期开始（2002年）到结束期（2011/2012年）老年人的死亡风险。为了计算死亡风险，必须形成存活时间（年）。在存活时间的计算方面，对于死亡老年人，由死亡年份和调查年份相减算出；对于2011/2012年调查仍然存活的老年人，直接由调查结束期的年份减基期调查年份得到；对于失访的老年人，以最后一次见到其的时间减基期调查年份得到。

本研究的核心自变量有六个：是否与子女同住（以下简称"同住"）、生病时是否得到后代照顾（以下简称"生病照料"）、经济来源是否主要来自后代（以下简称"经济支持"）、平时的聊天对象是否主要是后代（以下简称"聊天对象"）、子女是否经常与老年人通信联系（以下简称"日常联系"）、近一年是否和后代有现金或实物的互动（以下简称"物质互动"）。

结合上文文献综述中可能会对老年人的死亡风险造成影响的因素分析，这里加入了三大类控制变量。第一类是社会人口特征的变量。这类变量包括年龄、性别、婚姻状况、教育、房主和城乡共六个变量。第二类是健康状况，含日常生活自理能力（ADL）、孤独感和健康自评共三个变量。第三类是生活方式变量，含主食、抽烟、喝酒、锻炼身体和社会交往情况。这些变量都是控制变量，且皆为二分类变量，变量的设置详见表1。

我们从表1可以看到，在核心自变量方面，与子女同住的老年人约占四成，绝大多数老年人生病时得到后代的照顾、得到后代的经济支持、其聊天对象主要是后代以及保持与子女的日常联系，过去一年老年人与后代之间有物品或者金钱往来的比例不大，约占1/4。这说明后代对老年人提供赡养的支持力度较大，反映了我国传统的文化习惯还占据着重要的地位。另外，老年人对后代的情感需求也比较大，亲子互动也比较频繁。

表1　　　　　　　　　　　　　变量的分布

变量	百分比（%）
代际关系	
同住（不同住=0）	39.85
生病照料（不是后代=0）	71.43
经济支持（不是后代=0）	66.77
聊天对象（不是后代=0）	59.65
日常联系（不是子女=0）	57.93
物质互动（无互动=0）	25.81
社会人口特征	
年龄（65—79岁=0）	63.49
性别（男=0）	53.04
婚姻（无配偶=0）	41.81
教育（文盲=0）	41.58
房主：后代（自己=0）	62.11
城乡：城镇（农村=0）	42.21
健康状况	
ADL（不受限制=0）	26.39
孤独感（孤独=0）	71.15
健康自评（差=0）	49.74
生活方式	
主食（除米饭外=0）	65.74
抽烟（抽烟=0）	79.62
喝酒（喝酒=0）	76.52
身体锻炼（不锻炼=0）	34.84
社会活动（不参加=0）	14.09

注：N=6226。

从控制变量的分布来看，样本中以高龄、女性、无配偶、没受过教育、房主为后代以及农村的老年人居多，这与我国的现实情况相符。另外，在健康方面，以日常活动能力不受限制和不孤独的老年人为主，而在健康自评上自评好与差的老年人基本上各占一半，说明总体而言，样本中老年人的身心健康趋于良好。在生活方式方面，以主食为米饭、不抽烟、不喝酒的老年人为主，但当前进行身体锻炼和社会活动的老年人较少。

需要说明的是，本研究中除了性别、教育、居住地、房主和主食是时恒性变量以外，其余变量都作为时变性变量进入模型。

另外，回归模型表 3 中各个模型的设置如下：

M1 和 M2 是倾向值加权前只包含代际关系因素的模型；

M3 和 M4 是倾向值加权前含所有因素的总模型；

M4_ ATE 和 M4_ ATT 是分别进行 ATE 和 ATT 加权后含所有因素的总模型。

这里，M1 和 M3 是未考虑脆弱性因子的模型，而 M2、M4、M4_ ATE 和 M4_ ATT 都是考虑了脆弱性因子的模型。

(三) 方法

倾向值的方法是基于反事实框架的一种方法。这种方法首先来源于计量经济学家 Heckman 于 1978 年在处理非随机分配情形下如何估计干预效应的问题，当时他使用联立方程建模来处理虚拟内生变量的问题（Heckman, 1978）。到了 1983 年，统计学家 Rosenbaum 和 Rubin 提出了"倾向值"（propensity score）术语（Rosenbaum & Rubin, 1983），旨在用倾向值分析来修正选择性偏差。倾向值分析的具体步骤是：(1) 使用 logistic/probit 回归，寻找最佳的条件变量或者协变量，这些变量被怀疑导致了干预组和控制组间的不平衡；(2) 匹配；(3) 基于匹配样本进行匹配后的分析。由于匹配的过程会造成样本的损失，因此也可以将上述步骤缩减为两步：在第二步时使用倾向值作为抽样权重进行多元分析。本研究使用倾向值加权的方法，借助反事实框架，来估计代际关系变量对老年人死亡风险的净效应。

在流行病学、计量经济学、人口学和社会学等学科中，有一种"未观测到的异质性"（unobserved heterogeneity），是因为在现实中，我们不可能观测到所有重要的变量，或者即使该变量是可以观测到的，但出于种种原因在模型设置时忽略了一些关键的解释变量。这种"未观测到的异质性"在人口学中常被称为"frailty"（脆弱性，也译为虚弱性）（Vaupel et al., 1979）。对于这种"未观测到的异质性"（以下简称"脆弱性"），一种通常的做法是把这个脆弱性放入模型中的误差项。但是，如果脆弱性与某些解释变量相关的话，可能会使估计的系数有偏，即发生了忽略变量偏误问题（郭申阳、马克·W.佛雷泽，2012）；而即使它与解释变量不相关，也可能会出现估计的系数有偏（焦开山，2011）。在有关死亡风险的研究中，它对结果的干扰要比在其他模型中大得多。因此，在事件史分析中，特别是对于死亡风险的研究，应对这种脆弱性加以重视。脆弱性可以是个体层次的，也可以是群体层次的。本研究使用个人层次的脆弱性模型。另外，为了比较说明是否考虑了脆弱性结果的不同，本研究也给出了两种是否考虑脆弱性下 Cox 的回归结果。在考虑了脆弱性的 Cox 模型结果中，如果加入的脆弱性因子显著，说明该脆弱性因子对死亡风险的作用显著；如果报告模型的卡方检测的 p 值小于 0.05，说明模型中考虑了脆弱性能更好地拟合数据。由于脆弱性分布的未知，不同学者根据不同的模型对其分布进行不同的假设，本研究假定脆弱性服从伽玛混合分布（a gamma mixture distribution）。

本研究采用含脆弱性因子的离散时间 Cox 回归法，并且在 Stata 12.0 中完成数据的操作。

四 结果

诚如前文所言，为了解决居住安排和老年人健康/死亡风险之间的内生性问题，本研究采用倾向值加权的方法。结合以往的文献，本研究用老年人的年龄分组、性别、婚姻状况、ADL、孤独感和健康自评共六个变量对是否与子女同住变量做 logit 回归，得到相应的倾向值。然后做 ATE 和 ATT 加权后的回归分析。通过对比加权前后样本的分布，我们可以看到加权后的样本基本上得到了平衡（详见表2）。

从表2可以看出，在倾向值加权前，6个变量中有4个存在显著不平衡，而通过 ATE 加权后，6个变量都变得平衡了；通过 ATT 加权后，4个变量都得到了平衡，而且有2个变量在0.05的显著水平上稍有不平衡而已。因此可以看到，通过倾向值加权后，绝大多数变量得到了平衡。这为后面的分析打下了良好的基础。

表2　　加权前后影响居住安排的协变量的平衡情况

协变量	加权前	ATE 加权后	ATT 加权后
年龄（65—79岁 =0）	0.39***	0.02	-0.12*
性别（男 =0）	1.51***	-0.05	0.06
婚姻（无配偶 =0）	0.60***	0.07	-0.12*
ADL（不受限制 =0）	0.84**	-0.05	-0.01
孤独感（孤独 =0）	0.98	0.04	-0.02
健康自评（差 =0）	0.99	-0.02	0.04

注：$N=6226$；+ <0.1；* <0.05；** <0.01；*** <0.001。

为了考察代际关系对老年人死亡风险的边际影响，我们同时控制老年人的一些其他因素。为了更直观地看到不同模块的因素对老年人死亡风险影响的过程，本研究在代际关系变量的基础上，将社会人口特征、健康状况以及生活方式等变量分模块逐步引入模型，具体如表3所示（出于表格的简洁性，本研究没有列出各模块逐步引入的结果以及各系数相应的标准误）。

从表3可以看出，模型1和模型2是只有代际关系变量的回归结果，而其中模型1是没有加入脆弱性的结果。从这两个模型的结果来看，除了生病照料以外，6个代际关系变量的系数方向都是相同的，而各系数的显著程度基本一致。具体来看，转化成以 e 为底的幂函数以后，模型1中，与子女同住的老年人的死亡风险是不与子女同住老年人的115%（$e^{0.14}=1.15$），生病时得到后代照料的老年人的死亡风险是没有得到后代照料的85%，得到后代经济支持的老年人的死亡风险是没有得到后代支持的115%，老年人首选聊天对象为后代的死亡风险是聊天对象为其他人的127%，老年人与子女经常联系的死亡风险是不经常联系的33%，老年人在过去一年中与后代在物质上有互动的死亡风险是没有互动的65%。模型1中各系数都在0.001水平上显著。加入了脆弱性后，模型2中的与子女同住因素变得不显著，生病时得到后代照料这一因素的系数方向发生了逆转，表现为得到后代照料的老年人的死亡风险是没有得到照料的251%，这一结果有点匪夷所思，由于没有控制其他因素，这里只能猜测是生病时得到照料的老年人本身就是那些体质较弱、身体不健康、死亡风险较高的老年人使然。得到后代经济支持的老年人的死亡风险是没有得到后代支持的 1037%，其中的原因也可能与这部分老年人本身就是处于弱势有关。老年人首选聊天对象为后代的死亡风险是聊天对象为其他人的 326%，可能的原因是：越是有向后代进行感情倾诉欲望的老年人心理越不健康。老年人与子女经常联系的死亡风险是不经常联系的 18%，老年人在过去一年里与后代在物质上有互动的死亡风险是没有互动的 74%。对比模型 1 和模型 2，可以看出，没有考虑脆弱性的模型结果中，各因素系数绝对值具有偏小的趋势。在模型 2 中，我们也看到，个体层面的脆弱性显著增加了老年人的死亡风险。

表3　　　　　　　　代际关系对老年人死亡风险的影响

变量	M1	M2	M3	M4	M4_ATE	M4_ATT
同住（不同住=0）	0.14***	0.16	0.05***	0.10	0.04	0.00
生病照料（不是后代=0）	-0.16***	0.92***	-0.21	-0.26	-0.32	-0.18
经济支持（不是后代=0）	0.14***	2.34***	0.06	0.91***	0.78***	0.80***
聊天对象（不是后代=0）	0.24***	1.18***	0.00	-0.35+	-0.47*	-0.38+
日常联系（不是子女=0）	-1.10***	-1.72***	-0.28***	-0.45*	-0.25	-0.20
物质互动（无互动=0）	-0.43***	-0.30*	-0.16***	-0.20	-0.37*	-0.26+
年龄（65—79岁=0）			0.96***	4.28***	4.55***	4.51***
性别（男=0）			-0.36***	-0.44*	-0.41+	-0.47*
婚姻（无配偶=0）			-0.67***	-1.73***	-1.79***	-1.68***
教育（文盲=0）			-0.18***	-0.15	0.00	-0.10
房主：后代（自己=0）			-0.01	0.47*	0.60*	0.53*
城乡：城镇（农村=0）			-0.12***	0.16	0.16	0.13
ADL（无障碍=0）			0.49***	3.91***	3.97***	4.08***
孤独感（孤独=0）			-0.17***	0.11	0.06	-0.10
健康自评（差=0）			-0.20***	-0.32*	-0.53***	-0.38*
主食（除米饭外=0）			-0.06+	0.42*	0.39*	0.41*
抽烟（抽烟=0）			-0.09*	-0.08	-0.01	-0.02
喝酒（喝酒=0）			-0.07+	0.32	0.43*	0.32
身体锻炼（不锻炼=0）			-0.16***	-0.32+	-0.42*	-0.23
社会活动（不参加=0）			-0.31***	-0.56**	-0.50*	-0.67***
脆弱性因子		1.99***		2.15***	2.17***	2.18***
LL	-6622.8	-4708.6	-5729.8	-4169.1	-4148.8	-4163.0
df	6	7	20	21	21	21

注：+ <0.1；* <0.05；** <0.01；*** <0.001。

由于模型1和模型2没有纳入其他控制因素，因此无从知道核心自变量对老年人死亡风险的影响到底是出自本身的影响还是掺和了其他因素的影响，因此有必要加入一些控制因素。

模型3和模型4是加入了其他因素后得到的结果。我们看到，对比模型3和模型1，核心自变量中，与子女同住变量依然在0.001水平上显著，且具体表现为与子女同住的老年人的死亡风险是不与子女同住的老年人的105%。生病时得到后代照料的老年人的死亡风险是没有得到后代照料的81%，但不显著。这里，经济支持和聊天对象变量都变得不显著。日常联系和物质互动变量依然显著，且表现为老年人与子女经常联系的死亡风险是不经常联系的76%，老年人在过去一年中与后代在物质上有互动的死亡风险是没有互动的85%。

对比模型4和模型2，可以看到，与子女同住变量依然不显著。生病照料不仅其系数方向由正变为负，而且还由显著变为不显著。经济支持变量依然是显著的，但其系数绝对值有所变小，表现为得到后代经济支持的老年人死亡风险是没有得到后代经济支持的老年人的248%。老年人首选聊天对象为后代因素显著性水平有所降低，但仍在0.1水平上显著，且其系数符号由正变为负，表现为首选聊天对象为后代的老年人的死亡风险是首选聊天对象为其他人的70%。日常联系因素作用依然显著，且表现为经常与子女联系的老年人的死亡风险是不经常联系的64%。物质互动因素的作用虽然降低了老人的死亡风险，但变得不显著。

通过对比是否加入了脆弱性的模型，可以发现，加入脆弱性后，绝大多数变量系数的绝对值都大于没有加入脆弱性的，例如，对比模型1和模型2，6个核心自变量中有5个变量的绝对值表现出这一规律；对比模型3和模型4，20个自变量中有17个变量的绝对值表现出这一规律。在本研究中，由于各系数有正有负，因此若不考虑脆弱性，具体表现为方向为负的系数高估了其对死亡风险的作用，而方向为正的系数低估了其对死亡风险的作用，前者例如生病照料，高估了4%（$=e^{-0.21}-e^{-0.26}=81\%-77\%$），同理，可以算出聊天对象因素高估了30%，日常联系因素高估了12%，物质互动高估了3%；后者例如同住因素低估了5%，经济支持低估了142%。

在模型4中，脆弱性显著增加了老年人的死亡风险，该模型报告的卡方检验显著小于0.001，说明模型中考虑了脆弱性是适当的，能更好地拟合数据。因此，本研究认为考虑了脆弱性的 Cox 风险模型较没有考虑脆弱性的 Cox 模型更优。

当我们使用了倾向值加权以后，得到了 ATE 加权和 ATT 加权后的两个模型结果 M4_ATE 和 M4_ATT。通过比对 M4、M4_ATE 和 M4_ATT，我们可以看到，加权前后，绝大多数变量的系数方向和显著程度都没有发生变化，只是系数的大小有所改变。加权前后，同住和生病照料变量都不显著，经济支持和聊天对象变量依然显著。加权后日常联系变得不显著但物质互动变量变得显著。本研究更关注调整后干预组的平均干预效应，因此得到核心自变量对死亡风险的效应为：与子女同住老人的死亡风险与不同住的无显著差别；生病时得到后代照料的老年人的死亡风险是没有得到后代照料的 84%，但不显著；得到后代经济支持的老年人的死亡风险是没有得到后代支持的老年人的 222% 且在 0.001 水平上显著；首选聊天对象为后代的老年人的死亡风险是首选聊天对象为其他人的老年人的 68% 且在 0.1 水平上显著；与子女经常联系的死亡风险是不经常联系的 82%，但不显著；老年人在过去一年中与后代在物质上有互动的死亡风险是没有互动的 77% 且在 0.1 水平上显著。因此从模型 4 和进行 ATT 加权后得到的模型结果来看，在核心自变量上，倾向值加权前同住因素对死亡风险的效应高估了 10%（=110% - 100%），生病照料因素低估了 7%（=77% - 84%），经济支持因素高估了 26%（=248% - 222%），聊天对象因素高估了 2%（=70% - 68%），日常联系因素低估了 18%（=64% - 82%），物质互动因素高估了 5%（=82% - 77%）。frailty 因子低估了 31%（=857% - 888%）。由于其他控制因素不是本研究关注的内容，故在此不展开讨论。另外，从模型报告的卡方值来看，其显著小于 0.001，即认为加入了 frailty 因子之后的模型能较好地拟合数据。

五　结论和讨论

诚如前文所言，本研究旨在分析代际关系对老年人死亡风险的影响方向和净作用。通过上文的分析，我们可以看出，在数据平衡的基础上，经济支持、聊天对象和物质互动这三个因素显著地对老年人的死亡风险造成影响。后代对老年人的经济支持显著增加了老年人的死亡风险，这可能与这些老年人处于劣势有关。在本研究中，通过做交互分析，发现那些得到后代经济支持的老年人多数只作为得到物质的接受方而没有能力回馈，也多为在日常活动能力有功能障碍的老年人，这与某些学者认为这些老年人处于劣势地位，其社会经济地位较低、身体更不健康，更需后代给予经济帮助的分析结果一致（张震，2002）。相对于日常聊天时首选对象为他人，首选对象为后代者死亡风险较低，这说明后代如果满足了老年人的精神需求，有助于降低老年人的死亡风险。相对于在过去一年里和后代没有物质上的互动者，有物质互动的老人的死亡风险更低，这里也体现了代际互动的重要性。同住的作用在本研究中不显著，可能的原因是同住因素在考量代际关系和谐与否上比较复杂，有出于照顾老人的主动同住，也有因经济条件所限，即使跟老人关系不好但也不得不同住的情形。生病照料和日常联系变量虽然都不显著，但相对于各自的参照组，都降低了老人的死亡风险。因此，总的来看，和谐的代际关系有益于老年人死亡风险的降低。

另外，我们注意到，考虑了个体脆弱性因子的 Cox 模型比没有考虑个体脆弱性因子的 Cox 模型更合理，能更好地拟合数据。之前有学者提到，未被观测的异质性会影响到事件史中关于死亡的分析，有时会夸大或抑制干预效应估计值。在本研究中，如果没有考虑到这种异质性，会使得各个因素系数的绝对值小于考虑了异质性后各系数的绝对值，这与一些学者的研究结果一致（焦开山，2011；Janet, M. & Bradford, S., 2004；王宁宁，2007）。另外，通过倾向值加权分析，我们发现，各个代际关系变量对老年人死亡风险的影响作用在加权前有所高估或低估。通过做样本平衡处理，解决了居住安排与健康/死亡风险之间的内生性问题，消除了一些混杂因素的影响，并在此基础上得到了代际关系对死亡风险的净作用。

本研究的理论意义在于，澄清了代际关系对老年人死亡风险的作用方向，得到了和睦的代际关系能降低老年人死亡风险的作用。同时通过做样本平衡处理，解决了居住安排与健康/死亡风险之间的内生性问题，得到了代际关系对死亡风险的净作用。不仅如此，在生存分析特别是死亡分析中，引入脆弱性因子来解决社会科学中常见的、被忽略的、未观测到的异质性问题，在方法论上颇具意义。本研究的现实意义在于，在我国老龄化不断加剧的背景下，除了提倡后代给予老年人更多的物质和生活照料以外，还应当提倡年青一代给予老年人精神需求上的满足，毕竟随着经济的发展、社会的进步，在解决了老年人日常的物质需求之后，老年人的精神需求会自然而然有一个新的提升。最后，本研究认为，除了要强调下一代对老一代提供物质和精神上的帮助和赡养之外，应该提倡老年人多与后代进行接触和沟通，通过这样的互动，才能体现老年人的有用感而非无用感，从而降低老年人的死亡风险，达到健康长寿的目的。

参考文献

1. 顾大男：《婚姻对中国高龄老年人健康长寿影响的性别差异分析》，《中国人口科学》2003 年第 3 期。
2. 郭申阳、马克·W. 佛雷泽：《倾向值分析：统计方法与应用》，重庆大学出版 2012 年版。
3. 国家统计局官网，中华人民共和国 2011 年国民经济和社会发展统计公报，2012 年 2 月 22 日发布，http：//www.stats.gov.cn/tjsj/tjgb/ndtjgb/qgndtjgb/201202/t20120222_30026.html。
4. 国家统计局官网，中华人民共和国 2012 年国民经济和社会发展统计公报，2013 年 2 月 22 日发布，http：//www.stats.gov.cn/tjsj/tjgb/ndtjgb/qgndtjgb/201302/t20130221_30027.html。
5. 国家统计局官网，中华人民共和国 2013 年国民经济和社会发展统计公报，2014 年 2 月 24 日发布，http：//www.stats.gov.cn/tjsj/zxfb/201402/t20140224_514970.html。
6. 国家统计局官网，中华人民共和国 2014 年国民经济和社会发展统计公报，2015 年 2 月 26 日发布，http：//www.stats.gov.cn/tjsj/zxfb/201502/t20150226_685799.html。
7. 国务院第六次全国人口普查办公室、国家统计局人口和就业统计司编：《2010 年第六次全国人口普查主要数据》，中国统计出版社 2011 年版。
8. 焦开山：《丧偶对中国老年人死亡风险的影响——年龄组差异及其健康因素的作用》，《人口学刊》2010 年第 6 期。

9. 焦开山：《中国老年人的婚姻状况、居住方式与健康的关系研究——兼论社会科学研究中的未观测异质性问题》，博士学位论文，北京大学，2011年。
10. 刘向红、方向华、汤哲、陈彪：《北京市城乡老年人的健康状况及对生存的影响》，《中国老年学杂志》2002年第6期。
11. 柳玉芝、李强：《高龄老年人自评健康与死亡风险的关系研究》，《中国人口科学》2004年第4期。
12. 孟琛、汤哲、方向华、刘向红、吴晓光、刘宏军、刁丽君、陈彪：《北京老年人认知功能对生存率影响的八年随访观察》，《中华老年医学杂志》2004年第3期。
13. 王宁宁：《纵列生存数据的脆弱性模型估计和应用》，博士学位论文，中山大学，2007年。
14. 王跃生、伍海霞：《当代农村代际关系研究——冀东村庄的考察》，中国社会科学出版社2011年版。
15. 杨向荣：《80例福利院老年人死因分析》，《中国医师杂志》2007年第11期。
16. 张岭泉：《农村代际关系与家庭养老》，河北大学出版社2012年版。
17. 张震：《家庭代际支持对中国老龄老年人死亡率的影响研究》，《人口研究》2002年第5期。
18. 朱荟、陆杰华：《宗教参与对我国高龄老年人死亡风险的影响分析》，《人口研究》2012年第1期。
19. Anme, T. Shinohara, R. Sugisawa, Y. and McCall M., "Social Interaction and Longevity: An Eleven-Year Longitudinal Study of Older Persons in a Japanese Village", *Hallym International Journal of Aging*, 2007, 2: 20-34.
20. Berkman L. F., Syme S. L., "Social Networks, Host Resistance and Mortality: a Nine-year Follow up Study of Alameda County Residents", *American Journal of Epidemiology*, 1979, 109: 186-204.
21. Bisconti, T. L., Bergeman, C. S., "Perceived Social Control as a Mediator of the Relationships among Social Support, Psychological Well-being and Perceived Health", *Gerontologist*, 1999, 39: 94-103.

22. Cornell, L. L., "Intergenerational Relationships, Social Support, and Mortality", *Social Forces*, 1992, 71: 53 – 62.
23. Crimmins, E., "The Social Impact of Recent and Prospective Mortality Declines among Older Americans", *Sociology and Social Research*, 1986, 70 (3): 192 – 199.
24. Douglas Oman, and Dwayne Reed, MD, "Religion and Mortality among the Community – Dwelling Elderly", *American Journal of Public Health*, October 1998, 88 (10): 1469 – 1475.
25. Heckman J. J., "Dummy Endogenous Variables in a Simultaneous Equations System", *Econometrica*, 1978, 46: 931 – 960.
26. Lk Ki Kim and Cheong – Seok Kim, "Patterns of Family Support and the Quality of Life of the Elderly", *Social Indicators Research*, Vol. 62/63, Apr. 2003, Springer, http://www.jstor.org/stable/27527103, pp. 437 – 454.
27. James W. Vaupel, Kenneth G. Manton, Eric Stallard, "The Impact of Heterogeneity in Individual Frailty on the Dynamics of Mortality", *Demography*, 1979, 16: 439 – 454.
28. Janet M. Box – Steffensmeier and Bradford S. Jones, *Event History Modeling: A Guide for Social Scientists*, Cambridge: Cambridge University Press, 2004: 141 – 148.
29. Martelin, T., Koskinen, S. and Valkonen, T., "Sociodemographic Mortality Differences among the Oldest Old in Finland", *Journal of Gerontology*, 1998, 53B (2): S83 – S90.
30. Merril Silverstein, Zhen Cong, Shuzhou Li, "Intergenerational Transfers and Living Arrangements of Older People in Rural China: Consequences for Psychological Well – being", *The Journals of Gerontology* Series B: Psychological Sciences and Social Science, 2006, 61 (5): 256 – 265.
31. Paula M. Lantz; James S. House; James M. Lepkowski; David R. Williams; Richard P. Mero; Jieming Chen, "Mortality: Results from a Nationally Representative Prospective Study of US Adults", *JAMA*, 1998, 279 (21):

1703 – 1708.
32. Pearl A. Dykstra, Aafke E. Komter, Generational Interdependencies in Families: The Multilinks Research Program, 2012, 27: 487 – 506.
33. Robert A. Hummer, Richard G. Rogers, Charles B. Nam, Christopher G. Ellison, "Religious Involvement and US Adult Mortality", *Demography*, 1999, 36 (2): 273 – 285.
34. Rosenbaum, P. R. & Rubin, D. B., The Central Role of the Propensity Score in Observational Studies for Causal Effects, *Biometrika*, 1983, 70: 41 – 55.
35. Silverstein, Merril, Vern L. Bengtson, "Do Close Parent – child Relations Reduce the Mortality Risk of Older Parents?", *Journal of Health and Social Behavior*, 1991, 32 (4): 382 – 395.
36. Stessman, Jochanan, Hammerman – Rozenbeg, Robert, Cohen, Aaron, Ein – Mor, Eliana, Jacobs, Jeremy M. ,"Physical Activity, Function, and Longevity among the Very Old", *Archives of Internal Medicine*, 2009, 169 (16): 1476 – 1483.
37. Zeng, Y. and George, L. K. , "Population Aging and Old – age Care in China", In D. Dannefer & C. Phillipson (Eds.), *Sage Handbook of Social Gerontology*, Thousand Oaks, CA: SAGE, 2010: 420 – 429.

中国老年人的健康行为与口腔健康

郑真真　周　云[①]

一　引言

中国的人口老龄化正在以前所未有的速度发展，老年人口也在快速增加。在应对这一庞大的老年群体给中国社会带来的挑战中，老年健康无疑是重要内容。相关研究表明，口腔健康的改善有利于老年人群的整体健康状况。世界卫生组织针对人口老龄化的全球趋势启动了多个项目，鼓励、支持并开展各种临床研究和以社区为基础的健康干预项目，其中就包括口腔卫生健康项目。"今天不关注口腔健康，明天将会付出更大代价"（Braine，2005），完善口腔健康政策、增强口腔卫生服务及对服务提供者的培训，是改善老年人群口腔健康的关键举措（Petersen and Yamamoto，2005），普通人群也会因此受益。已有研究至少从两个方面说明老年群体口腔健康的重要性。

首先，口腔健康与其他健康问题相互关联，口腔健康的改善将会有利于增进老年人的身体健康。由于人口结构的变化与疾病模式的转变，现今更多中国人存活至老年并患有慢性疾病。研究发现，某些慢性疾病和口腔健康相关联，尽管这些关联是否有因果关系还需要进一步确定。例如，有研究认为糖尿病与牙周疾病相互影响，严重牙周疾病患者很难控制Ⅱ型糖尿病的血糖水平（Mealey，2006）；还有研究发现，牙周疾病和心脏病之间

[①] 郑真真，女，中国社会科学院人口与劳动经济研究所研究员，博士生导师；周云，女，北京大学社会学系、北京大学中国社会与发展研究中心教授，博士生导师。

有一定关联，虽然不一定是因果关系（Genco 等，2002），如牙周疾病和失牙可能会增加缺血性中风的风险（Joshipura 等，2003），失牙数量可预测心血管系统疾病的发生或因循环系统疾病而死亡的风险（Cabrera 等，2005；Polzer 等，2012）。

其次，一方面老年人的口腔健康问题会明显降低他们的生活质量。良好的口腔健康对老年人的躯体、社会和心理健康都会有积极影响。例如，有学者认为，有健康的牙齿会对人们的社交活动有积极影响，有利于促进他们成功参与经济和社会活动；而对牙齿问题不加以治疗或治疗不当是影响人们身体、社会和经济良好状态的主要原因（Hudson 等，2007）。另外，口腔健康问题会影响生活质量，如德国一项全国调查发现，义齿状况与口腔健康相关的生活质量密切相关（John 等，2004）。对香港医院老年人病区患者的一项研究发现，如果老年人的可咀嚼牙齿少于 8 对、牙龈不健康、口腔干燥，他们与口腔健康相关的生活质量就会显著降低（Yu 等，2008）。还有研究发现，全口无牙或仅剩少数牙与老年人的残障甚至死亡有关，失牙可能是衰老加快的前兆（Holm-Pedersen 等，2008；Ansai 等，2010）。

尽管口腔健康是健康老龄化的重要内容之一，但是包括中国在内的发展中国家对口腔健康的关注严重不足。发达国家每年约有 5%—10% 的公共卫生资源用于口腔保健，但发展中国家用于控制口腔疾病的资源则相对较少（Braine，2005）。此外，发展中国家对口腔健康的研究也十分有限，尤其缺乏基于大样本调查的报告、有关影响老年人口腔健康因素的研究，特别是与社会、经济、制度和行为相关的研究。

已有研究发现，中国老年人的口腔健康状况较差。例如，当前中国老年群体的存留牙齿数（Zhou and Zheng，2008）与世界卫生组织提倡的"8020"努力目标，即 80 岁老人的存留牙齿数不少于 20（Nasu，2005）相比，相差甚远。有学者认为，卫生系统和口腔保健服务、社会文化因素以及环境因素是影响口腔健康的重要因素（Petersen，2005）。本研究将利用具有全国代表性的大规模调查数据，研究影响中国老年人失牙状况及相关因素，探索老年人口腔健康与生活方式之间的关系，判断影响口腔健康的最主要因素，并对促进中国老年人口的口腔健康提出政策性建议。

二 数据与分析方法

（一）数据来源

本研究使用 2011 年"中国老年健康影响因素跟踪调查"（以下简称 CLHLS 调查）数据。该调查始于 1998 年，涵盖中国 22 个省、市、自治区，尽管在老年人的高龄阶段使用了不等比例抽样，但加权后的样本对全国具有代表性（Zeng 等，2001；Zeng 等，2002）。本研究所用的 2011 年第六次跟踪调查，包括 7375 名 65 岁以上、参与过 2008 年第五次调查的存活老年人。根据课题组对年龄和主要健康指标的数据质量评估，认为调查质量良好（"CLHLS 2011 跟踪调查质量评估报告"，2012 年未刊文章）。正因为该调查的抽样策略为不等比例抽样，因而能够调查到足够数量的高龄老人，有利于我们对高龄组进行有效的多元统计分析。该调查除了包括老年人的人口、社会、经济背景资料以及健康状况、生活方式等方面的信息外，还收集了与口腔健康相关的信息，为研究老年人口腔健康提供了良好的条件。

（二）分析框架及方法

本研究结合 CLHLS 调查所提供的信息，用老年人失牙数代表这个群体的口腔健康，参考 Petersen（2005）和 Kiyak（1987）的研究框架，构建了本研究的分析框架。分析框架包括与失牙有关的三组因素：社会经济、行为和健康。这三组因素与口腔健康直接相关，但不一定都有因果关系。我们将根据这个框架分析与中国老年人群口腔健康相关的主要因素。

第一组因素是社会经济因素，共有 5 个变量，包括年龄和性别这两个主要人口特征，受教育程度，以及养老金和居住地。我们此前使用 CLHLS 调查数据的研究发现，这些人口、社会、经济因素对老年人失牙有显著影响（Zhou and Zheng，2008）。由于这组因素除养老金和居住地外基本上都无法通过干预改变，这组变量是作为控制变量纳入统计分析的。

第二组因素与个人行为相关，包括口腔保健行为，吃甜食的饮食习惯，以及吸烟和喝酒这两项个人偏好。良好的口腔保健行为可以保护牙齿，而爱吃甜食或吸烟都可能会影响牙齿健康。与第一组因素相比，第二组因素是个人可以操控的行为，是可干预、可改变的。

第三组因素与健康相关，包括健康状况和医疗保险情况。考虑到一般健康状况可能与口腔健康相互影响，而医疗保险会与使用医疗服务相关，从而直接或间接影响口腔健康和一般健康。有口腔医疗保险的人更可能会及时地去看牙医，更能支付得起口腔医疗费用。

本研究采用多元线性回归，分析以失牙数代表的口腔健康与三组影响因素之间的关系。在口腔健康研究中，因为中青年人群的坏牙和失牙极少，一般呈泊松分布，所以多数口腔健康研究采用泊松回归对失牙进行多元分析。但老年人群特别是高龄老人的失牙基本是正态分布（线性回归与泊松回归的分析结果也非常接近）。因此，本研究采用了多元线性回归。我们分别用三组模型依次考察各组变量的作用，从仅包括人口社会经济变量的模型开始，每一步在模型中增加一组影响因素，考察在控制此前因素的作用后，新进入模型的因素作用。因为根据一次调查很难判断失牙、社会经济状况变化以及健康行为之间的前后顺序，本研究并未试图在失牙和各组因素之间建立确切的因果关系，而仅分析各因素与口腔健康之间的相关关系。

（三）主要变量及其分布

本研究中的口腔健康以失牙数来测量，定义为32颗正常牙齿数减去存留牙齿数[①]，在调查中由老年人自己回答或家人代答（其子女、孙子女或配偶）。老年人的牙齿缺失情况与年龄密切相关（见图1），失牙数量随着年龄增长逐渐增加。

由于百岁以上老年人有半数以上都没有牙齿了，且失牙状况没有明显变化趋势，因而本研究只包括了65—99岁老年人。研究有效样本为6368例，65—79岁组2366人（占37.2%），80—89岁组2045人（占32.1%），90—99岁组1957人（占30.7%）。分析样本的老年人中位年龄是84岁。

样本中51.9%为女性老年人。受教育程度以上学年数测量。大多数老年人上学年数不长，平均为2.7年，约80%的女性老人没有上过学。居住

[①] 调查问卷中有与口腔健康相关的问题包括：(1) 请问您有几颗牙（不包括假牙）；(2) 请问您是否戴假牙；(3) 过去6个月内，您是否在吃东西时遇到不止一次牙疼问题。

在农村的老人占分析样本的42.8%，36.0%居住在镇，21.2%住在城市。养老金是测量老年人经济状况的指标，37.1%的老年人有退休金或其他种类的养老金。

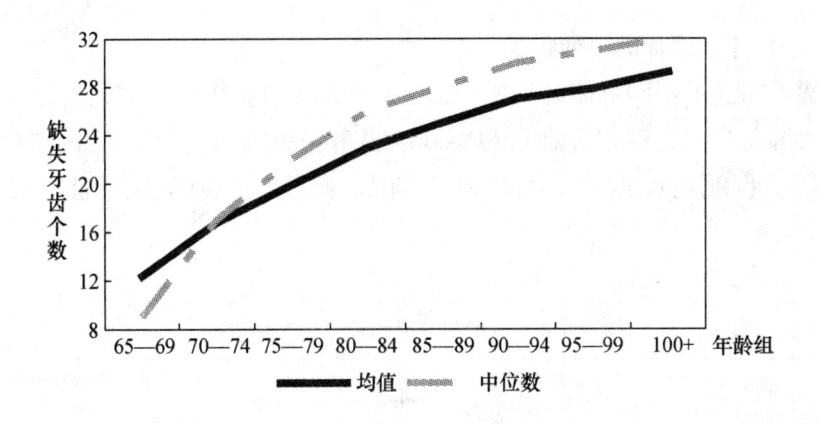

图1　分年龄牙齿缺失情况

　　行为因素纳入了与牙齿健康有关的因素，包括刷牙习惯、甜食摄入、吸烟和饮酒。刷牙习惯、甜食摄入为定序变量。在有存留牙齿的老年人中，有25.8%从不刷牙，13.1%偶尔刷牙，41.3%能坚持每天刷一次，15.3%报告自己每天刷两次，还有4.5%的老年人报告说每天刷牙3次或更多。对老人是否经常食用白糖或糖果有5个测量等级：几乎每天吃（定义为1）、不是每天但每周至少吃一次（定义为2）、不是每周但每月至少吃一次（定义为3）、不是每月但有时吃（定义为4）、很少或从不吃（定义为5）。被调查老人中有14.1%几乎每天都吃糖。吸烟和饮酒为虚拟变量。现在仍吸烟的老年人占19.4%，多数为男性老人。有18.4%的老年人说自己现在常喝酒。
　　参考现有研究成果，我们在分析中选择了4种可能与口腔健康有关的慢性疾病：心血管疾病、消化系统疾病、呼吸系统疾病和糖尿病。在调查中，不仅根据老年人自报是否患病，还追问了自报患病是否经过医生诊断。被调查老人中经诊断患有上述4种疾病的比例分别为：心血管疾病44.6%，消化系统疾病13.8%，呼吸系统疾病17.2%，糖尿病5.2%。多数老年人有医疗保险（85.3%）。

三 研究主要发现

(一) 不同群体的失牙状况

表1描述了不同群体的失牙状况，对于图1分析框架中的大部分因素来说，失牙与这些因素都存在可观察到的显著相关关系。老年人平均失牙数为22.5，也就是说他们平均只有不到10颗牙齿；30.7%的老年人全口无牙。

表1 按不同类别分的失牙平均颗数（N=6368）

变量		失牙颗数均值（SD）	变量		失牙颗数均值（SD）
	合计	22.5 (10.1)			
年龄	65—79岁	17.3 (10.7)	刷牙	每天	17.7 (10.3)
	80—89岁	24.0 (9.2)		不常刷牙	26.3 (8.2)
	90—99岁	27.3 (6.9)		每天吃糖	24.5 (9.4)
性别	男	21.4 (10.6)		现在吸烟	21.5 (10.7)
	女	23.6 (9.6)		经常喝酒	21.4 (10.6)
教育	没上过学	24.4 (9.1)	患病情况		
	上过学	20.4 (10.8)		心血管疾病	21.8 (10.3)
养老金	有	21.4 (10.6)		消化系统疾病	21.7 (10.3)
	没有	23.2 (9.8)		呼吸系统疾病*	22.2 (10.2)
居住地	城市	21.7 (10.7)		糖尿病	21.4 (10.4)
	乡镇	22.7 (10.0)	医疗保险	有	22.4 (10.2)
	农村	22.8 (10.0)		没有	23.6 (9.8)

注：*这是唯一与失牙数之间无关的疾病因素。但因下文分析中使用，所以仍将其列出（有研究发现呼吸系统疾病与全口无牙有显著的关系，如Wu等，2012）。

根据统计检验结果（对均值的t检验或方差分析的F检验），不同特征人群的失牙数差异显著。年龄与失牙相关最为密切，老年人的失牙数随着年龄的增加而上升。女性老人比男性老人存留牙齿数更少。受过更多教育的老年人口腔健康状况似乎更好些。城市居民因在口腔卫生方面条件较好，因而失牙数更少，但乡镇与农村老年人在失牙方面没有太大的差别。尽管有无养老金看上去与口腔健康的关系不大，但这一指标在一定程度上可说明老年人的社会经济地位，从而间接影响口腔健康。

口腔卫生是与失牙相关的另一个重要因素。平日不刷牙的老年人与能够每天刷牙的老年人相比，牙齿存留数明显要少。吃糖也与失牙数有关，几乎每天都吃糖的老年人明显失牙更多，而从不吃糖的老年人保有更多颗牙齿。目前吸烟和常喝酒的老年人在失牙数方面的差别不大，但其差别有统计上的显著意义。在健康相关因素方面，没有发现非常明显的趋势，不过有医疗保险的老年人明显比没有医疗保险的老年人失牙数少。

（二）失牙因素的多元统计分析

表2为应用多元线性回归（OLS）方法对失牙的分析结果。分析的因变量为失牙数。模型1包括了人口—社会—经济因素，模型2纳入了行为因素，模型3在模型2的基础上加入了健康因素，模型4是应用反向剔除法只保留了有显著作用变量的分析结果。

从模型1可看出，对牙齿健康有保护作用的因素是教育和养老金。城市居民在失牙方面没有显著优势。年龄和性别对失牙有负面作用。年龄是与失牙相关的最主要因素，在所有模型中的显著性和影响作用方面也都是首要因素。值得注意的是，在其他特征相同的情况下，女性可能失牙更多。年龄和性别的影响在所有模型中几乎不变。

表2　　　　　　　对失牙数线性回归分析的结果（参数估计值[†]）

变量	模型1	模型2	模型3	模型4
年龄	0.432 ***	0.324 ***	0.323 ***	0.325 ***
女性	0.067 ***	0.070 ***	0.070 ***	0.071 ***
上学年数	-0.041 ***	-0.027 **	-0.027 *	-0.026 *
有养老金	-0.024 *	-0.008	-0.007	
城市居民	-0.020	0.013	0.012	
每天刷牙		-0.294 ***	-0.294 ***	-0.294 ***

续表

变量	模型1	模型2	模型3	模型4
食糖		-0.038***	-0.037**	-0.038***
现在抽烟		0.012	0.012	
常喝酒		-0.010	-0.011	
心血管疾病			-0.015	
消化系统疾病			0.014	
肺部疾病			0.005	
糖尿病			-0.001	
有医疗保险			-0.010	
调整后的 R^2	0.208	0.282	0.281	0.283
有效样本（例）	6364	6271	6271	6351

注：(1)[†] 标准化回归系数 b；(2) * 显著性 $p<0.05$，** $p<0.01$，*** $p<0.001$。

模型2在控制了人口、社会、经济因素后，考察失牙和行为因素之间的关系。刷牙习惯显然是牙齿健康的保护性因素，除年龄外对失牙影响最大。少吃糖对失牙有积极的保护作用（表中参数的负值与吃糖频次分类的赋值有关，吃糖最多为1、最少为5）。吸烟和喝酒则与失牙没有显著相关。在加入行为因素后，养老金的作用不再显著。此外，吸烟的作用男女有别，尽管吸烟在模型2中没有显著作用，但是用分性别的模型分析发现（未列出结果），吸烟对男性的口腔健康有负面作用（$p=0.045$），而吃糖对男性失牙没有任何显著作用。

模型3中新加入的第三组因素是与健康相关的因素，该模型也是本研究的完整模型。由表2可见，患病或有医疗保险对失牙状况都没有任何显著作用，其他变量的作用与模型2相似。

模型4是一个"简洁"模型，为了尽量避免自变量之间可能存在的相关问题，只纳入了显著变量。从这一模型可归纳出与失牙相关的几组因素：(1) 人口因素，年龄是最重要的影响因素；失牙的性别差异也十分显著；(2) 社会经济因素，上学年数可预测失牙状况，但其影响作用最小；分性别的分析发现，教育因素对女性的作用更大，对男性则没有显著作用；(3) 健康行为因素，控制年龄和性别之后，口腔卫生成为影响牙齿存留的最重要因素；少吃糖对牙齿存留有保护作用。

表2中除模型1外，其他模型可以解释老年人群失牙差异的28%左右，这也说明还有很多其他影响失牙的因素有待进一步研究。

四 小结与讨论

本研究分析了社会经济、行为和健康等因素与老年人失牙之间的关系，揭示了个人健康行为对口腔健康的保护作用或消极影响。研究发现，年龄是影响老年人失牙的首要因素，且女性受教育程度低更有可能是口腔健康方面的弱势群体。此外，良好的口腔卫生习惯是预防失牙的关键保护因素；少吃糖也有利于口腔健康；但吸烟、饮酒等与失牙无关。尽管我们的研究假设失牙与个体健康因素相关，但统计分析结果不支持该假设。

年龄对失牙的显著影响，与中国老年人的人生经历和医疗卫生条件有关。现在的老年人年轻时经历过饥饿、贫穷、各种传染性疾病，不仅农村老人，甚至相当一部分城镇老人一生中大部分时间都没有享受过较好的医疗卫生条件。在他们年轻时，口腔卫生服务和口腔健康尚未得到社会和个人的重视。我们认为，随着社会经济发展和卫生医疗服务的改善，全民生活质量的提升，健康状况的逐步改善，将会提高全社会和卫生部门对预防口腔疾病的重视程度，从而促进口腔卫生服务的普及和医疗服务水平的提升，低龄老年人会因此获益，年龄的影响将会逐步削弱。

受教育程度低的老年妇女是相对弱势的一个群体，与之相伴的往往是较低的社会经济地位低，这导致她们难以主动寻求医疗服务，同时也是各类健康促进项目较难全面覆盖的人群。这一研究发现提醒我们在健康促进活动中更需要关注这类人群，重视向她们提供必要的医疗服务。通过提高健康意识、普及相关知识以及改变卫生习惯，也将有可能改变受教育程度低的老年妇女群体的弱势地位。

口腔卫生是预防失牙的关键因素，本研究的分析结果与其他研究结果一致（Burt等，1990）。需要注意的是，尽管刷牙的保护作用十分明显，但在农村，刷牙习惯并不普及，相比81.1%的城市老人能够坚持每天刷牙，只有52.2%的农村老年人能做到这一点。口腔健康也与饮食习惯相关。对调查结果的统计分析发现，很多老年人没有经常吃糖的习惯。这可能是无意识养成的生活方式，但却对老年人的口腔健康有保护作用。

本研究没有发现吸烟与失牙之间有显著关系，这与其他的研究结果并不一致。有些研究发现，除了年龄、收入及种族因素，吸烟是导致牙齿损坏和牙齿病变的影响因素（Wu 等，2012；Ogawa 等，2002；Hamasha 等，2000；Hudson 等，2007）。对此的可能解释为，不同人群的吸烟习惯（如吸烟方式、吸烟次数）以及所吸烟草种类对口腔健康状况的影响存在差异，或许吸烟的消极影响因素被其他因素所掩盖或抵消。例如，有研究发现吸烟习惯与受教育程度或牙周炎等社会或健康因素紧密相关，因此不能将其作为独立影响因素（Burt 等，1990）。在公共卫生领域，吸烟对口腔健康以及全身健康的影响是个重要议题，也是中国健康促进活动的内容之一（卫生部，2012），对这个问题还需要进一步研究。

尽管很多研究都发现有些慢性疾病与口腔健康状况有关，但我们的研究没有发现这种关系。这可能是由于不同研究中研究对象的年龄结构不同。本研究的老年人中有较高比例的高龄老人，对于这些能够存活到较高年龄的老人来说，患病和口腔健康之间的关系可能与中青年群体有所不同。此外，直到近年来社会才意识到口腔健康问题，对这些高龄老人而言可能为时已晚，他们尚未能从口腔健康促进活动以及口腔健康服务的改善中获益。很多老年人可能在患病之前就已失牙。因此，与发达国家那些普遍享有且能有效利用卫生服务和口腔医疗服务的老年人相比，中国老年人在口腔健康意识和口腔卫生行为方面会有很大差异。

有关医疗保险的研究结果与我们此前的假设不同，医疗保险的覆盖与老年人的口腔健康之间没有明显的关联。这可能是因为农村实行全面医疗保险制度还不到十年，城市医疗保险也只在近几年才普遍覆盖老年人。尽管在 2011 年的 CLHLS 调查中大多数老年人都有医疗保险，但 2005 年的调查结果有医疗保险的比例仅为 25.1%。另一个原因可能与农村地区缺少牙科诊所和牙医费用高有关。有医疗保险并不等于能获得医疗服务，特别是口腔医疗服务。医疗保险的覆盖未来是否将会对老年人的口腔健康产生影响，还需要进一步跟进并予以证实。

口腔健康近年来开始受到中国公共卫生领域的重视。但是，公共卫生的宣传力度以及公共卫生的优先领域可能还未将口腔健康提升到必要的高度。例如，在公众媒体中更多的是对预防生殖健康问题的宣传（例如，预防宫颈癌），而现实中全球每年因口腔癌症死亡的人数要高于因宫颈癌死亡人数（Eaton，2012）。许多国家未将口腔健康置于优先领域，这也是WHO鼓励其成员国在口腔健康相关领域积极采取行动的原因之一，特别是在发展中国家大力开展研究活动（Peterson，2009）。本研究即是对这一号召的响应。

当然，本研究也有明显的局限性。尽管这是一项针对65岁以上老年人口腔健康的研究，但由于所用数据与口腔健康相关的信息有限，所有口腔健康信息均为调查对象自报、未经过口腔医生的确认。许多学者都遇到过这样的困境，即很多调查数据都提供了丰富的个人信息，但关于口腔卫生方面的信息不足，而另一些数据包括较丰富的口腔健康信息但其他方面的资料却有限（Gilbert等，2003）。此外，失牙与慢性病患的变化发展都是一个较长时间的过程，它们之间相互影响，这与其他社会、经济、行为等因素交互影响，关系复杂，难以厘清。有许多其他因素与失牙有关，还有待我们进一步研究和发现。这些研究局限都会在不同程度上影响我们的研究结果，需要提醒读者注意。尽管如此，本研究结果仍有助于丰富我们对中国老年人口腔健康状况的认识，也具有政策性含义。

从本研究可至少得到两点政策启示。首先，如果进一步加强口腔健康和促进卫生医疗服务方面的工作，年龄对口腔健康的影响或许会有所削弱，老年人也可以避免过多过早的牙齿缺失。对所有人群而言，年龄的确是重要的失牙影响因素，但目前中国老年人群中失牙的程度要更为严重。例如，美国国家健康与营养调查（1999—2004年）发现，65岁及以上老年人平均保有18.9颗牙齿（中国相应年龄段的老年人平均仅有9.5颗牙），75岁以上老年人的牙齿颗数略少（65—74岁组为19.3颗，75岁以上组为18.4颗），但各年龄组老年人的平均牙齿数都远远多于中国同龄老人。这说明，只要通过各种方法保护好牙齿，例如，开展健康促进活动、提供更好的口腔医疗服务，中国老年人因年龄导致失牙的状况就会得到改善。未来的老年人会拥有更好的口腔健康。

其次，改变个人的饮食偏好会有助于牙齿和口腔健康。如果多数人能够改变不利于口腔卫生的习惯（如吃糖多），坚持较好的饮食习惯，口腔健康状况也会得到相应改善，并与其他促进口腔健康的努力效果相叠加。国家在制定卫生政策和开展各种健康促进活动时，可考虑借鉴相应研究结果所提供的依据，更为有效地提高国民的口腔健康水平。

中国人口结构变化和疾病模式的变化，促使国家调整卫生资源的分配以及健康政策的优先领域。要维护一个巨大老年人群的健康，预防将是最具有低成本高效益的措施。在应对人口老龄化的各种挑战中，老年人的口腔健康状况及其研究需要受到更多重视。只要能够持续从不同领域开展研究，就可以更为及时有效地了解老年人的口腔健康状况，分析不同因素的作用，判断和把握进一步努力的方面、关键目标人群和优先序，从预防入手有效改善老年人的口腔健康状况，从而促进老年人的整体健康。

参考文献

1. 中华人民共和国卫生和计划生育委员会：2012年全国"爱牙日"活动主题和主题信息，2012-09-11，http：//www.moh.gov.cn/mohbgt/s3582/201209/55834.shtml。
2. Ansai, Toshihiro, Yutaka Takata, InhoSoh, ShujiAwano, Akihiro Yoshida, Kazuo Sonoki, Tomoko Hamasaki, Takehiro Torisu, Akira Sogame, Naoko Shimada and Tadamichi Takehara, "Relationship between Tooth Loss and Mortality in 80-year-old Japanese Community-dwelling Subjects", *BMC Public Health*, 2010, 10: 386.
3. Braine, Theresa, "More Oral Health Care Needed for Aging Populations", *Bulletin of the World Health Organization*, 2005, 9: 646-647.
4. Burt, B. A., A. I. Ismail, E. C. Morrison and E. D. Beltran, "Risk Factors for Tooth Loss Over a 28-Year Period", *Journal of Dental Research*, 1990, 5: 26-30.
5. Cabrera, Caludia, Magnus Hakeberg, Margareta Ahlqwist, Hans Wedel, Cecilia Bjorkelund, Calle Bengtsson and Lauren Lissner, "Can The Relation Between Tooth Loss and Chronic Disease be Explained by Socio-Economic Status? A 24-Year Follow-Up from The Population Study of Women in Goth-

enburg", *Sweden. European Journal of Epidemiology*, 2005, 20: 229 -236.
6. Eaton, Kenneth A., "Global Oral Public Health—The Current Situation and Recent Developments", *Journal of Public Health Policy*, 2012, 3: 382 -386.
7. Genco, Robert, Steven Offenbacher, James Beck, Periodontal Disease and Cardiovascular Disease, JADA133: 14S -22S, 2002.
8. Gregg H. Gilbert, R. Paul Duncan and Brent J. Shelton, "Social Determinants of Tooth Loss", *Health Services Research*, 2003, 6 Pt2: 1843 -1862.
9. Hamasha, Abed Al -Hadi, Issa Sasa and Mansour Al Qudah, "Risk Indicators Associated with Tooth Loss in Jordanian Adults", *Community Dentistry and Oral Epidemiology*, 2000, 28: 67 -72.
10. Holm -Pedersen, Poul, Kirsten Schultz -Larsen, Niels Christiansen, and Kirsten Avlund, "Tooth Loss and Subsequent Disability and Mortality in Old Age", *Journal of the American Geriatrics Society*, 2008, 56: 429 -435.
11. Hudson, Kenneth, Jean Stockard and Zach Rambert, "The Impact of Socioeconomic Status and Race -Ethnicity on Dental Health", *Sociological Perspectives*, 2007, 1: 7 -25.
12. John, Mike T., Thomas D. Koepsell, Philippe Hujoel, Diana L. Miglioretti, Linda LeResche and Wolfgang Micheelis, "Demographic Factors, Denture Status and Oral Health -Related Quality of Life", *Community Dentistry and Oral Epidemiology*, 2004, 32: 125 -32.
13. Joshipura, Kaumudi J. Hsin -Chia Hung, Eric B. Rimm, Walter C. Willett and Alberto Ascherio, "Periodontal Disease, Tooth Lose, and Incidence of Ischemic Stroke," *Stroke*, 2003, 34: 47 -52.
14. Kiyak, H. Asuman, "An Explanatory Model of Older Persons' Use of Dental Services: Implications for Health Policy," *Medical Care*, 1987, 25: 936 -952.
15. Mealey, Brian L., "Periodontal Disease and Diabetes: A Two -Way Street", *The Journal of the American Dental Association*, 2006, 137 (10 supplement): 26S -31S.

16. National Institute of Dental and Craniofacial Research. Tooth Loss in Seniors (Age 65 and Over), http://www.nidcr.nih.gov/DataStatistics/FindDataByTopic/ToothLoss/ToothLossSeniors65andOlder (2013 - 3 - 9).
17. Nasu, Ikuo, "Culture and Health of Teeth", *Gerontology - New Horizon* (in Japanese), 2005, 17.
18. Ogawa, Hiroshi, Akihiro Yoshihara, Toshinobu Hirotomi, Yuichi Ando and Hideo Miyazaki., "Risk Factors for Periodontal Disease Progression among Elderly People", *Journal of Clinical Periodontology*, 2002, 29: 592 - 597.
19. Peterson, Poul E., "Sociobehavioural Risk Factors in Dental Caries - International Perspectives", *Community Dentistry and Oral Epidemiology*, 2005, 33: 274 - 279.
20. Petersen, Poul E. and Tatsuo Yamamoto, "Improving the Oral Health of Older People: The Approach of The WHO Global Oral Health Program", *Community Dentistry and Oral Epidemiology*, 2005, 33: 81 - 92.
21. Petersen, Poul E., "Global Policy for Improvement of Oral Health in The 21st Century—Implications to Oral Health Research of World Health Assembly 2007, World Health Organization", *Community Dentistry and Oral Epidemiology*, 2009, 37: 1 - 8.
22. Polzer, Ines, Christian Schwahn, Henry Volzke, Torsten Mundt and Reiner Biffar, "The Association of Tooth Loss with All - Cause and Circulatory Mortality, Is There a Benefit of Replaced Teeth? A Systematic Review and Meta - Analysis", *Clinical Oral Invest*, 2012, 16: 333 - 351.
23. Wu, Bei, Jersey Liang, Brenda L. Plassman, Corey Remle and Xiao Luo, "Edentulism Trends among Middle - Aged and Older Adults in The United States: Comparison of Five Racial/Ethnic Groups", *Community Dentistry and Oral Epidemiology*, 2012, 40: 145 - 153.
24. Yu, Doris S. F., Diana T. F. Lee, Athena W. L. Hong, Tak Yin Law and Edward M. F. Leung, "Impact of Oral Health Status on Oral Health - Related Quality of Life in Chinese Hospitalized Geriatric Patients", *Quality of Life Research*, 2008, 3: 397 - 405.

25. Zeng, Y. , J. W. Vaupel, Z. Xiao, C. Zhang and Y. Liu, "The Healthy Longevity Survey and The Active Life Expectancy of The Oldest – Old in China", *Population: An English Selection*, 2001, 1: 95 – 116.
26. Zeng, Y. , J. W. Vaupel, Z. Xiao, C. Zhang and Y. Liu, "Sociodemographic and Health Profiles of The Oldest Old in China", *Population and Development Review*, 2002, 2: 251 – 273.
27. Zhou, Yun and Zhenzhen Zheng, "Tooth Loss among the Elderly in China, In: Zeng Yi, Dudley L. Poston, Denese A. Vlosky, and Danan Gu (ed.) *Healthy Longevity in China: Demographic, Socioeconomic, and Psychological Dimensions*", Dordrecht, The Netherlands, Springer, 2008, 315 – 327.

城乡老年人口生活满意度差异及变化分析

李建新　刘保中[①]

一　引言

2010年我国第六次人口普查数据显示，我国60岁及以上老年人口达到1.78亿，占到总人口比例的13.26%，2013年我国60岁及以上老年人口达到2亿。根据联合国有关机构预测，未来20年将是中国老年人口增长最快的时期，到2050年左右，老年人口将达到全国人口的三分之一。随着我国老龄化趋势加速，老年人口数量的日益增加，老年人口的生活质量、满意度、幸福感等问题也成为学界研究和国家政策关注的焦点。积极应对"银发潮"带来的经济社会问题，使老年人口安享晚年成为我国完善社会保障体系、建设和谐社会的重要内容。

我国既是世界上人口大国也是老年人口大国，城乡人口二元结构是我国社会的一个显著特点，虽然城乡差异是一个国家在工业化进程中难以避免的现象（刘易斯，1989），但是我国社会结构的"城乡二元"结构特征表现得更为典型（Selden，1999；孙立平，2004；渠敬东等，2009；陆学艺，2009）。改革开放以后我国经济与社会快速发展，但城乡差距一直未发生根本性改变。在以"户籍制度"为基础的"城乡二元"的制度安排和政策导向下，我国农村在经济发展水平、基础设施建设、医疗卫生条件、社会保障水平（如养老、医疗、失业、救济等）、公共服务提供、居民收入等方面

[①] 李建新，男，北京大学社会学系教授，博士生导师；刘保中，男，北京大学社会学系博士研究生。

与城市均存在较大的差距，这些结构性、制度性的宏观环境差异影响着老年人对生存环境、生活条件、需求满足等心理上的自我感知，并进而对生活满意度产生影响。在我国加速城乡一体化进程的背景下，本文将使用"中国老年健康影响因素跟踪调查"项目（CLHLS）跟踪数据，考察我国城乡老年人口生活满意度及其近十多年来的变化。

二 文献回顾与研究设计

生活满意度（life satisfaction），以及相关的主观幸福感（subjective well-being）、生活质量（quality of life）、幸福（happiness）等核心概念，国内外都有诸多研究成果。Caspi 和 Elder（1986）指出，生活满意度多被定义为"一个人对总体生活状况的评价""反映了一个人期望生活和实际状况的比较"。同时，生活满意度又构成了主观幸福观的认知维度（Andrews & Withey, 1976; Diener, 1984, 1985），是衡量生活质量的一个重要评估指标，也是对主观幸福感和生活质量的一种度量（Shin & Johnson, 1978; George &Bearon, 1980; 曾毅、顾大男, 2002; 李建新, 2004, 2007）。

国外对老年人生活满意度及其影响因素的研究起步较早，研究内容也比较丰富，包括生活满意度的内涵、测量、各类影响因素等（Shin & Johnson, 1978; Diener, 1984, 1985; Neugarten, et al., 1961; Pavot & Diener, 1993; Chen, 2001; Bowling, 2005）。国内对老年人口生活满意度主要影响因素的分析研究也不少，主要涉及了人口特征、社会经济、健康、社会支持、居住方式等（熊跃根, 1999; 王莹等, 2004; 李建新, 2004, 2007; 张文娟、李树茁, 2004; 曾宪新, 2011; 金岭, 2011）。这些研究突出了客观的外在环境和个体特征对老年人生活满意度的影响。也有一些研究注意到个人社会心理机制如社会比较对老年人口生活满意度的影响作用（李建新、骆为祥, 2007; 王佳, 2010）。事实上，生活满意度某种程度上作为一种主观心理感受，并不完全由客观生活环境和生存状况简单决定，它同时受到个人微观社会心理机制的调节。满意度不是绝对的，而是相对的，经济和福利上的剥夺未必会降低生活满意度（李汉林、李路路, 2000）。

虽然国内外有关老年人生活满意度的研究有大量的成果，但是专门关注中国城乡老年人生活满意度差异的文献并不多。由于西方国家没有城乡二元结构制度区隔，国外文献中对本国或者中国城乡老年人口满意度等方面的比较研究相对较少，相关文献多集中于对城市或者农村单独群体的研究（Zhang & Lucy，1998；Li & Tracy，1999；Silverstein et al.，2006；Knight et al.，2009）。国内同类的比较分析中，把城乡居住地作为控制变量纳入分析模型，以及单独对城市和农村老年人口满意度的研究较多，而对老年人口满意度城乡差异的比较研究则不多见。有限的关注城乡差异的文献也多局限于省域或地方样本（陈彩霞，2003；邢占军，2006；卫龙宝等，2008；胡宏伟等，2013）或描述性分析（李德明等，2007），未能呈现全国总体上的深入研究。

社会学理论在解释社会现象时，关注宏观系统制度结构和微观个人行动的连接。Gubrium（1973）认为，社会环境和个人特征共同影响着老年人口的生活满意度，老年人个体和社会环境、文化环境与政治环境之间存在着互动，这种互动作用又通过人口特征、经济状况、健康状况和社会福利等因素对满意度施加影响。Schuesler 和 Fisher（1985）进一步指出，生活质量研究应关注如何把宏观的社会过程和微观的社会感觉联系起来。受这些理论的启发，我们在考察中国城乡老年人口生活满意度差异的影响因素时，将力图把宏观的社会环境、个体特征和微观的心理感受作为一个相互连接的整体系统来综合考察。以"户籍制度"为基础的制度安排导致了城乡间的社会分层，城乡两种居住地两种身份传递着宏观社会环境，如社会制度、社会结构、社会文化、社会政策、社会变迁的差异，以及这些差异对城乡老年人生活及社会保障如养老和医疗等造成不同的影响，而这些又通过老年人口的个人特征，如年龄、性别、婚姻、教育、经济状况等中介因素，同时又受到主观心理机制的干预，最终对老年人满意度产生影响。从这条影响路径的反向来看，满意度差异的变化也反映着城乡老年人口在个人状况和生存环境上的社会分层变化。在这样一个研究框架下，本文尝试回答以下两个问题：一是我国城乡老年人口生活满意度是否存在差异？存在哪些影响老年人生活满意度的因素？二是与十年前相比，我国城乡老年人口生活满意度差异的变化是扩大了还是缩小了？

三 数据和研究方法

(一) 数据与变量

本文研究利用"中国老年健康影响因素跟踪调查"(CLHLS)项目跟踪数据中的 2002 年调查数据和 2011 年调查数据。CLHLS 项目覆盖了全国 22 个省、市、自治区的 631 个县级行政区，代表性好。经过对变量的筛选，除去无效回答之后，最终进入分析模型的城乡老龄人口的样本数，2002 年为 13717 个，2011 年为 7149 个。

本文的因变量是老年人口的生活满意度。作为一种对生活状态的主观认知和评价，目前，自我评价的方法仍然是测量生活满意度最常用的方法。本文以问卷中"您觉得您现在生活怎么样？"来测量生活满意度，对该问题的有效回答分为"很好"、"好"、"一般"、"不好"和"很不好"五个等级，由于选择"不好"和"很不好"的比例非常小，在 2002 年样本中分别只占 5.82% 和 0.88%，2011 年中分别只占 4.52% 和 0.71%，因此，本文将前两个等级合并为一类，表示"生活满意"；将后三个等级合并为一类，表示"生活不满意"。

城乡老年人生活满意度差异及变化是本文研究的问题，城乡居住老年人是本文分析的核心。我们将"城市"、"镇"合并为城市，"乡"代表农村，其中以农村为参照组。城市和农村人口所占比例，2002 年分别为46.37% 和 53.63%，2011 年分别为 50.96% 和 49.04%。在控制变量的选取上，基于已有的文献研究结果和本文的研究设计，本文选取了三组控制变量，一是选取了个体的社会人口特征变量，包括年龄、性别、婚姻状况、教育水平和客观经济情况。年龄为分组变量，性别、婚姻状况、教育水平和客观经济情况均为二分变量。客观经济情况以"生活来源是否够用"来衡量，分为"够用"和"不够用"两类。二是选取了衡量老年人微观社会心理层面的变量，包括自评生活富裕程度和自评健康两个变量。前者以"您的生活在当地比较起来，属于什么水平？"来测量，其回答分为"比较富裕"、"一般"、"比较困难"三类，对应于"居高"、"居中"、"居低"

三类;后者以"您觉得您自己的健康状况怎么样?"来测量,其回答归为"好"和"不好"两类。三是选取了反映城乡宏观制度、政策、变迁及后果的变量组合,包括老年人口的社会保障状况和居住状况。前者用养老保障和医疗保障两个主要方面来衡量,分别用"是否享有退休金",其回答分为"有"与"没有",和"患重病时能否及时得到治疗",其回答分为"及时"与"不及时"来测量。对居住状况可能带来老年人满意度差异的考察,是考虑了伴随着中国快速经济发展而出现的急速城市化的趋势,由于城乡异地就业、务工、求学等,造成大规模的由农村到城市的人口社会流动,越来越多的年轻劳动力由农村迁往城市,造成了日益庞大的农村留守老人群体,有研究发现农村独居老人数量要多于城市,增长速度也要快于城市(He et al.,2007)。本文用"与家人同住"和"不与家人同住"(包括独居和养老院两种情况)来考察老年人居住状况。变量基本构成情况详见表1。

表1　　　　　　　　　　变量及样本描述　　　　　　　　单位:%

变量名称	变量描述	2002年样本 合计	城市	农村
生活满意度	满意(不满意=0)	60.81	65.10	57.10
年龄	70—80岁(60—70岁=0)	22.63	21.65	23.48
	80—90岁	27.80	30.88	25.15
	90—100岁	21.77	20.83	22.58
	100岁以上	16.03	15.33	16.64
性别	男性(女性=0)	44.41	44.77	44.10
有配偶并在一起居住	是(否=0)	32.41	33.63	31.36
教育水平	小学以上(小学及以下=0)	15.69	22.83	9.52
生活来源是否够用	是(否=0)	81.18	84.85	78.02
比较生活水平	居中(居低=0)	66.77	65.85	67.56
	居高	18.12	21.51	15.18
自评健康	好(不好=0)	48.63	50.13	47.32
是否享有退休金	是(否=0)	21.84	38.88	7.11
重病治疗是否及时	是(否=0)	89.61	92.56	87.06

续表

变量名称	变量描述			
是否与家人同住	是（否=0）	81.69	80.63	82.61
样本量（个）		13717	7356	6361

		2011年样本		
		合计	城市	农村
生活满意度	满意（不满意=0）	62.29	64.32	60.18
年龄	70—80岁（60—70岁=0）	28.86	30.96	26.67
	80—90岁	28.55	28.30	28.81
	90—100岁	23.49	25.12	21.79
	100岁以上	11.39	9.53	13.32
性别	男性（女性=0）	46.93	47.90	45.92
有配偶并在一起居住	是（否=0）	39.24	39.64	38.82
教育水平	小学以上（小学及以下=0）	20.11	25.28	14.75
生活来源是否够用	是（否=0）	79.63	80.87	78.35
比较生活水平	居中（居低=0）	67.06	65.77	68.40

		2011年样本		
		合计	城市	农村
	居高	17.88	19.85	15.83
自评健康	好（不好=0）	46.51	47.71	45.27
是否享有退休金	是（否=0）	21.67	34.56	8.27
重病治疗是否及时	是（否=0）	94.46	95.77	93.10
是否与家人同住	是（否=0）	81.40	82.10	80.67
样本量（个）		7149	3643	3506

注：括号内为参照组。

（二）分析方法

依据我们的研究问题和因变量属性，本文采用二分 Logit 统计模型。主要分两步展开，第一步，对 2002 年和 2011 年两个不同年份的数据分别建立相同的五个模型，分别考察两个不同时期城乡老年人口生活满意度的情况。这五个模型分别是：模型 1 为只关注城乡老年人口生活满意度的差异；模型 2 是在模型 1 基础上加入老年人个体的社会人口特征变量；模型 3 是在模型 1 基础上加入社会心理层面变量；模型 4 是在模型 1 基础上加入城乡宏观政策层面差异的变量，即养老、医疗和居住变量。模型 2、模型 3、模型 4 分别考察三组控制变量对城乡老年人口生活满意度差异变化的影响，以及这些变量自身与生活满意度之间的关系。模型 5 是完整模型，即综合考察将前三个模型中的变量都纳入之后，城乡老年人口生活满意度的差异情况。第二步，利用 Pooled OLS 方法对两个时点的纵向数据进行分析，考察城乡老年人口满意度差异随时间变化的趋势。即在上述五个模型的基础上，通过加入调查年份的虚拟变量 t，以及核心变量城乡因素和时间 t 之间的交互效应，建立汇合回归模型（Pooled OLS），以达到分析城乡老年人口生活满意度差异是如何变化的目标。

四　结果分析

（一）2002 年我国城乡老年人生活满意度分析

表 2 列出了 2002 年城乡老年人口生活满意度二分 Logit 模型的分析结果。模型 1 只纳入了不同居住地即城市和农村的老年人口变量，结果显示，城市老年人口的系数为 0.338，说明城市老年人口比农村老年人口生活满意度更高，且差异显著。

模型 2 是在模型 1 的基础上增加了老年人个体的社会人口特征变量，包括年龄、性别、婚姻状况、教育水平和经济情况。城市老年人口系数有所降低，这表明居住在城市和农村的老年人在这些个体特征上存在着差异，同时个体社会人口特征变量与老年人生活满意度自评有关。在这些个体特征变量中，高年龄组的老年人口报告了较高的生活满意度；性别对满意度自评的影响表现出微弱的显著性；婚姻状况对老年人生活满意度的影响不显著；小学以上学历的老年人比小学及以下教育水平的老年人表现出较高的满意度自评；生活来源够用比不够用的老年人报告生活满意度的发生比增加 3.65 倍（$e^{1.536} - 1$），影响较大。

模型 3 是在模型 1 的基础上加入了社会心理层面的变量，包括比较生活水平和自评健康。城乡变量的系数值变化，表明这一组变量加入后，城市和农村老年人在生活满意度方面的差异性同样有一定程度的减小,这说明城乡老年人在这组变量上是有差异的。同时,自我主观比较的生活水平和自我心理认同的健康状况,对生活满意度产生了较大的影响。

模型4在模型1的基础上又加入了城乡制度安排和政策差异等宏观影响因素,包括"是否有养老金"、"重病治疗是否及时"和"是否与家人同住"三个变量。相较于前面几个模型的变化,城乡变量的系数减小至最大(由模型1的0.338降低为0.193),这说明,相对于其他控制变量,老年人生活满意度的城乡差异较多地受到这组变量的影响。而新加入的三个变量对因变量的作用也均统计显著,有养老金、重病治疗及时、与家人同住都对老年人生活满意度起积极的正向作用。

模型5为完整模型,结果显示,在控制了其他相关因素之后,相对于农村老年人,城市老年人生活满意度自评较为积极,但是二者满意度的自评差异在变小,城乡变量的系数由模型1的0.338降低到最终的0.129,且统计显著性由强变弱,说明了其他因素在一定程度上解释了老年人生活满意度的城乡差异。尽管如此,在全模型中,城乡老年人生活满意度的差异依然显著,城市老年人口比农村老年人口具有更高的生活满意度水平。全模型的分析结果还显示,老年人个体的社会人口特征变量、社会心理层面变量和反映城乡宏观政策差异变量均表现出与之前模型大致相似的影响作用,这说明这些变量对人们生活满意度的影响具有稳定性。

表2　2002年老年人口生活满意的城乡比较二分Logit模型分析结果

变量	模型1	模型2	模型3	模型4	模型5
城市（农村为参照组）	0.338***	0.225***	0.241***	0.193***	0.129**
年龄（60—70岁为参照组）					
70—80岁		0.075			0.111
80—90岁		0.118			0.218**
90—100岁		0.317***			0.412***
100岁以上		0.432***			0.522***
性别（女性为参照组）		-0.091*			-0.196***
有配偶并在一起居住（其余为参照组）		0.041			-0.081
教育水平（小学及以下为参照组）		0.281***			0.054
生活来源（不够用为参照组）		1.538***			0.707***

续表

变量	模型1	模型2	模型3	模型4	模型5
比较生活水平（居差为参照组）					
居中			1.326***		0.748***
居高			2.744***		2.042***
自评健康（不好为参照组）			1.509***		1.507***
退休金（没有为参照组）				0.290***	0.243***
重病治疗（不及时为参照组）				1.369***	0.628***
与家人同住（不与家人同住为参照组）				0.335***	0.279***
常数项	0.286***	-1.102	-1.649***	-1.205***	-2.656***
LR Chi2	91.98**	1332.85***	3425.73***	795.96***	3811.51***
df	1	9	4	4	15

注：N = 13717；*** Sig. < 0.001，** Sig. < 0.01，* Sig. < 0.05。

（二）2011年我国城乡老年人生活满意度现状分析

与2002年样本分析模型相同，对2011年的样本我们也进行同样的考察。表3显示了模型1—模型5的结果。可以发现，总体看来，相较于2002年的情况，2011年的模型中城乡变量的系数和显著度整体上都有减弱。具体来看，城乡变量的系数由表2模型1中的0.338下降到了表3模型1中的0.176，在未控制其他变量的情况下，2011年城市老年人口依旧比农村老年人口的生活满意度要高（p < 0.001）。

表3中模型2显示，在加入老年人个体的社会人口特征变量之后，城乡变量的系数和显著度都有降低，说明城市和农村的老年人在这些个体特征上仍然存在着差异。在个体特征变量影响生活满意度方面，相对60—70岁老年人参照组，90岁以上年龄组的老年人具有相对更高的满意度，这种生活满意度随年龄大致正向变化的正效应在其他很多文献中得到了验证和解释（曾毅等，2004；李建新，2004；骆为祥、李建新，2011）。性别、婚姻状况和教育水平的差异对生活满意度的影响变得都不再显著。但是生活来源是否够用仍然对老年人生活满意度有着相对较大的影响（变量系数为1.430），生活来源够用，老年人基本生活需求得到满足，满意度评价就高。可以说，老年人日常生活的基本经济保障仍是老年人生活满意度的重要

前提。

表3 模型3 的结果表明,在加入老年人个体社会心理的影响后,城乡变量的系数已经下降到了 0.120,统计显著性上也变微弱(仅在 0.05 水平上统计显著),这说明老年人生活满意度的城乡差异,在一定程度上是来自老年人个体社会心理感受上的差异。进一步分析看,较之自认为生活困难的老人,生活水平一般的老年人报告生活满意的发生比增加 1.23 倍($e^{1.173}-1$),生活水平富裕的老年人报告生活满意的发生比则要增加 11.16 倍($e^{2.498}-1$)。与周围社会他人生活水平相比,自己生活水平越高,生活满意度则越高,这与已有的相关研究相符合(李建新、骆为祥,2007)。主观认知的自我健康情况同样较大程度地影响着老年人的生活满意度,自评健康状况好的老年人报告生活满意度的可能性是自评不好的 5.42 倍($e^{1.690}$),这与以往的诸多研究发现相吻合。

表3 模型4 是在模型1 基础上加入了"是否有养老金"、"重病治疗是否及时"和"是否与家人同住"三个反映城乡宏观制度和政策差异的变量之后,可以看到,城市老年人和农村老年人在生活满意度方面的差异消失了,两类老人对生活满意度的报告无差异,这一结果表明,2011 年老年人生活满意度的城乡差异,实际上主要来自城市和农村在这些宏观政策和社会变迁环境方面的不同。结合表2 模型4 的分析结果,此变量组的设计也符合了本文前面在分析变量选取时的考虑,由于老年人养老和医疗情况城乡差距较大以及农村空巢老人近年来大幅出现的社会现实,都在微观层面上影响了老年人的心理满足感,而对这三个方面变量的控制,使得两个不同居住地的老年人口的生活满意度变得相差无几。

表3 模型5 的全模型分析结果显示,在 2011 年的时点上,老年人个体的社会人口特征、微观社会心理和城乡宏观政策三个变量组对老年人生活满意度仍然表现出和前面模型大体一致的影响作用。不过,针对我们所关注的核心自变量,在控制了这些相关因素之后,2011 年城市和农村老年人的生活满意度基本上已不存在统计意义上的显著差异,这说明个体特征、个体社会心理差异、宏观环境差异三组变量已基本上解释了老年人生活满意度的城乡差异。

表 3　　2011 年老年人口生活满意的城乡比较二分 Logit 模型分析结果

变量	模型 1	模型 2	模型 3	模型 4	模型 5
城市（农村为参照组）	0.176***	0.147**	0.120*	0.079	0.109
年龄（60—70 岁为参照组）					
70—80 岁		-0.050			-0.002
80—90 岁		0.112			0.140
90—100 岁		0.400***			0.353**
100 岁以上		0.462***			0.461**
性别（女性为参照组）		-0.065			-0.152*
有配偶并在一起居住（其余为参照组）		0.056			-0.125
教育水平（小学及以下为参照组）		0.128			-0.038
生活来源（不够用为参照组）		1.430***			0.716***
比较生活水平（居差为参照组）					
居中			1.173***		0.772***
居高			2.489***		2.004***
自评健康（不好为参照组）			1.690***		1.668***
退休金（没有为参照组）				0.262***	0.029
重病治疗（不及时为参照组）				1.108***	0.264*
与家人同住（不与家人同住为参照组）				0.303***	0.336***
常数项	0.413***	-1.102	-1.399***	-0.884***	-2.168***
LR Chi2	12.99***	645.84***	1816.61***	178.54***	1990.42***
df	1	9	4	4	15

注：N = 7149；*** Sig. <0.001，** Sig. <0.01，* Sig. <0.05。

（三）城乡老年人口生活满意度差异的变化趋势

接下来分析近十年来我国城乡老年人生活满意度差异的变化。表 4 中模型 1—模型 5 是对两年数据的汇合回归分析，整体上看，2011 年老年人口生活满意度较 2002 年有显著提高，模型 5 显示，在控制了其他所有变量之后，相对于 2002 年，2011 年老年人报告生活满意度的发生比增加 1.58 倍（$e^{0.459}-1$）。从城乡差异的变化方面看，年份与城乡的交互项系数为负值，这说明，相比 2002 年，城乡老年人口的生活满意度差异在缩小，但同时，我们也可以看到，年份与城乡的交互项未呈现出统计上的显著性，这说明城乡老年人口生活满意度差异有缩小变化的趋势,但没有统计意义上的显著性。

表4　2011年与2002年城乡老年人口生活满意度汇合回归分析

	模型1	模型2	模型3	模型4	模型5
年份(2002年为参照组)					
2011年	0.125**	0.215	0.244*	0.318*	0.459*
城乡(农村为参照组)					
城市	0.338***	0.225***	0.241***	0.193***	0.129**
年份与城乡交互项					
2011年*城市	-0.163**	-0.076	-0.121	-0.116	-0.019

注:N(2011+2002)=20932;*** Sig.<0.001,** Sig.<0.01,* Sig.<0.05。
限于文章篇幅,模型只截取了所关注的主要变量。

如何解释近十年来城乡老年人生活满意度差异的这种变化特点与趋势? 依据前文的研究设计和上文的模型分析结果,可以看到,城乡老年人生活满意度的差别主要来自老年人个体社会心理的不同和城乡宏观政策环境的差异,故此,我们不妨从这两个方面做进一步探讨。

首先,近些年来,农村老年人群体的生活水平,尤其是自评比较生活水平提高的幅度相对城市老年人更大。如表5所示,2002—2011年十年间,我国城乡居民家庭的收入比和恩格尔系数差距依然较大,农村居民相对于城市居民依然处于相对弱势的地位,但是,农村老年人口的生活满意度却得到了提高。可见,满意度并非单是由城乡绝对收入的差别所决定的,高收入未必带来高满意度。社会比较理论也认为,人们通常会选择和自己相似的人进行比较,户籍制度将城市和农村分化为两个不同地域的群体,居住在农村的老年人往往会和直接接触的人群即当地农村社区的人群作比较,而很少会去和城市的人作比较(Han,2007;Knight & Gunatilaka,2010),因此,社区相对生活水平分层的比较心理导致的相对剥夺感是影响老年人群体生活满意度的重要原因。对本文所用数据的进一步分析显示(见图1),十年间农村老年人群体的相对(比较)生活水平改善较城市更高,2011年农村老年人口自评相对(比较)生活水平,与2002年相比,困难群体在减少，而一般群体和富裕群体在增加，城市则表现出相反的趋势。这种自我感知的相对生活水平普遍提高的趋势，使更多的农村老年人群体感觉到日子越来越好，从而对生活满意度起到了积极的心理正向效应。同时由于心理比较上的地域封闭性和就近性，人们对生活水平差距引发的相对剥夺感往往限于本地域内，一方面，是不同生活水平层次的农村老年人群体自我感觉越来越好，另一方面，是不同生活水平层次的城市老年人群体自我感觉欠佳，从而在纵向上影响了城乡两个老年人群体生活满意度差距的变化。

表5　城乡居民家庭人均收入及恩格尔系数差距对比

年份	城镇居民家庭人均可支配收入（元）	农村居民家庭人均纯收入（元）	城乡收入比	城镇居民家庭恩格尔系数（%）	农村居民家庭恩格尔系数（%）
2002	7702.8	2475.6	3.11	37.7	46.2
2003	8472.2	2622.2	3.23	37.1	45.6
2004	9421.6	2936.4	3.21	37.7	47.2
2005	10493.0	3254.9	3.22	36.7	45.5
2006	11759.5	3587.0	3.28	35.8	43.0
2007	13785.8	4140.4	3.33	36.3	43.1
2008	15780.8	4760.6	3.31	37.9	43.7
2009	17174.7	5153.2	3.33	36.5	41.0
2010	19109.4	5919.0	3.23	35.7	41.1
2011	21809.8	6977.3	3.13	36.3	40.4

资料来源：《中国统计年鉴》，中国统计出版社2013年版。

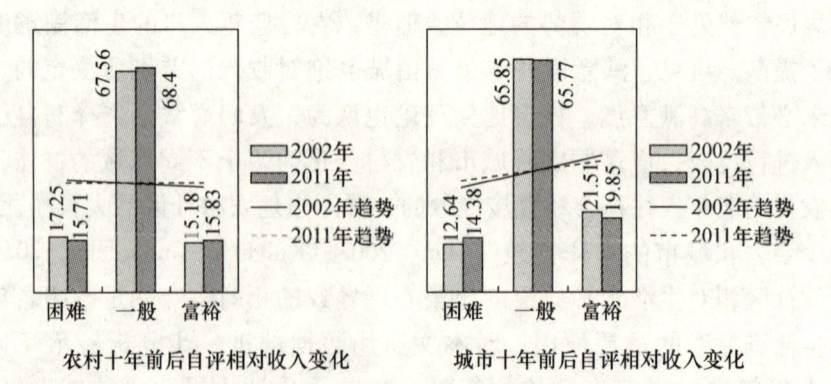

图1　农村和城市老年人口相对生活水平变化

其次,农村老年人口基本社会保障状况的改善。目前我国农村老龄化程度要明显高于城市,而养老、医疗等社会保障制度却一直严重滞后。长期以来,城市老年人可以借助养老金和更好的医疗保障来支持自身的经济保障和健康,而农村老年人在基本社会保障方面一直匮乏,公共服务设施和质量都远远落后于城市。在我国经济发展和快速城镇化进程中,农村土地被占用,不仅严重影响了农村传统的生产方式,而且老年人口依靠土地从事农业劳动获得的经济来源也在减少;同时由于计划生育政策,农村家庭规模减少及家庭结构变化,传统靠子女养老的模式也受到了冲击。为避免城乡社会经济发展差距进一步扩大,近些年来我国把着力发展和改善民生上升到国家发展战略的重心,在农村相继取消农业税、农村低保、"新农合"、"新农保"等一系列惠民举措从宏观政策层面改善了农村的民生环境。从2003年起,新型农村合作医疗制度(新农合)在全国部分县(市)试点,到2010年逐步实现基本覆盖全国农村居民,到2011年参合人数达到8.32亿(见表6)。2007年7月,国家决定在全国建立农村最低生活保障制度,截至2011年年末已有5306万农村居民拿到了低保金。从2009年起,国家开始推行新型农村社会养老保险的试点工作(新农保),现已覆盖3.3亿农村人口。与老年人口密切相关的养老和医疗基本保障的改善,改变了老年人一直以来社会保障被剥夺的境遇,增加了农村老年人口的福利,提高了他们的经济和健康保障水平。在这种情况下,农村社会保障水平的提高对老年人生活满意度的提高产生了积极影响。上文的研究也证明,在控制宏观社会保障因素如"是否有养老金"和"患重病是否能及时得到治疗"之后,减小了城乡老年人生活满意度的差异。

表6　　　　　　　　　　新型农村合作医疗情况

指　标	2005年	2006年	2007年	2008年	2009年	2010年	2011年
开展新农合县(区、市)数(个)	678	1451	2451	2729	2716	2678	2637
参加新农合人数(亿人)	1.79	4.10	7.26	8.15	8.33	8.36	8.32
参合率(%)	75.7	80.7	86.2	91.5	94.2	96.0	97.5
人均筹资(元)	42.1	52.1	58.9	96.3	113.4	156.6	246.2
当年基金支出(亿元)	61.8	155.8	346.6	662.3	922.9	1187.8	1710.2
补偿受益人次(亿人次)	1.22	2.72	4.53	5.85	7.59	10.87	13.15

资料来源:《中国统计年鉴》,中国统计出版社2013年版。

综上，近些年农村收入水平的提高、农村社会养老制度的初步建立和农村医疗保障状况的改善，从根本上改变了农村老年人口福利被剥夺的状况，并在基本需求层面上提高了农村老年人的经济和健康保障水平，加之农村老年人口比城市老年人口有着更为积极的相对生活水平的自我认知，有效改善了他们的心理感受，从而提高了他们的生活满意度。所以，十年间城乡老年人口生活满意度差异缩小的变化趋势，是近些年农村收入水平提高、农村社会养老制度初步建立和农村医疗保障状况改善的反映，是对城乡分层秩序变化的微观感知。

五 结语

本文在"宏观环境（制度、政策；结构、过程）——个人特征（社会人口）——社会心理机制（社会比较）"的研究框架下，注重宏观社会环境不同和微观社会感觉差异的联系，对十年间中国城乡老年人口生活满意度差异及变化趋势进行了考察。从本文的研究结果表明，我国城乡老年人口生活满意度存在着差异，老年人口生存的宏观政策环境、个人特征和微观的社会心理机制均是影响城乡老年人口生活满意度的重要因素；近十年来，农村老年人口生活水平提高相对快些，城乡老年人口生活满意度差异在缩小。

如我们的假设一样，影响城乡老年人口生活满意度不同层面的因素是内在有机联系的整体。老年人对生活状况的最终感知，既受到外在生活环境尤其是社会保障政策差异的影响，同时，作为老年人个体的一种主观心理变量，并不由客观环境和个人条件简单决定，绝对收入、生活水平和福利状况的差别并不意味着满意度会出现相应的差别，生活满意度还受到社会比较、剥夺感等主观心理机制的影响。近些年农村实际生活水平提高，尤其是国家农村养老保险、合作医疗等一系列惠民政策的施行，都在基本物质需求层面有效地提高了农村老年人口的经济、健康和福利保障，也有效地改善了农村老年人心理层面的感受，提高了他们的生活满意度。

虽然农村老年人口生活满意度得到很大程度的改善，但是我们仍不能忽视农村老年人口与城市老年人口在总体生存状况和全面生活质量上的差距，我国城乡差距的基本事实仍未发生根本改变。对于急速转型期的中国社会来说，城乡失衡给农村老年人群体带来的生活质量问题，会对我国社会稳定与长治久安造成巨大的负面影响（曾毅，2005）。从根本上缩小城乡发展差距，国家还需要继续加大发展和改善民生的国家政策力度，需要从体制上改变城乡差距的二元结构，破除各种制度"壁垒"，使农村人口共享更多改革发展的成果，最终促进我国社会稳定与和谐社会建设。

参考文献

1. 陈彩霞：《北京市城乡老年人生活状况和生活满意度的比较》，《市场与人口分析》2003 年 5 月。
2. 胡宏伟、高敏、王剑雄：《老年人主观幸福感的影响因素与提升路径分析——基于对我国城乡老年人生活状况的调查》，《江苏大学学报》（社会科学版）2013 年第 4 期。
3. 胡洪曙、鲁元平：《收入不平等、健康与老年人主观幸福感——来自中国老龄化背景下的经验证据》，《中国软科学》2012 年第 11 期。
4. 金岭：《老年人生活满意度的影响因素及比较分析》，《人口与经济》2011 年第 2 期。
5. 李德明、陈天勇、吴振云：《中国农村老年人的生活质量和主观幸福感》，《中国老年学杂志》2007 年 6 月。
6. 李汉林、李路路：《单位成员的满意度和相对剥夺感——单位组织中依赖结构的主观层面》，《社会学研究》2000 年第 2 期。
7. 李建新：《社会支持与老年人口生活满意度的关系研究》，《中国人口科学》（增刊）2004 年。
8. 李建新：《老年人口生活质量与社会支持关系研究》，《人口研究》2007 年第 3 期。
9. 李建新、骆为祥：《社会、个体比较中的老年人口生活满意度研究》，《中国人口科学》2007 年第 4 期。
10. 李强：《社会学的"剥夺"理论与我国农民工问题》，《学术界》2004 年第 4 期。
11. 陆学艺：《破除城乡二元结构实现城乡经济社会一体化》，《社会科学研究》2009 年第 4 期。

12. 罗楚亮：《城乡分割、就业状况与主观幸福感差异》，《经济学（季刊）》2006年第2期。
13. 骆为祥、李建新：《老年人生活满意度年龄差异研究》，《人口研究》2011年第6期。
14. ［美］威廉·阿瑟·刘易斯：《二元经济论》，施炜、谢兵、苏玉宏译，北京经济学院出版社1989年版。
15. 亓昕、郝彩虹：《性别视角下的高龄老人社会支持状况研究》，《人口与经济》2010年第4期。
16. 渠敬东、周飞舟、应星：《从总体支配到技术治理——基于中国30年改革经验的社会学分析》，《中国社会科学》2009年第6期。
17. 孙立平：《转型与断裂——改革以来中国社会结构的变迁》，清华大学出版社2004年版。
18. 王佳：《经济发达地区居民主观生活质量的多重影响因素》，《华南理工大学学报》（社会科学版）2010年10月。
19. 王莹、傅崇辉、李玉柱：《老年人的心理特征因素对生活满意度的影响》，《中国人口科学》（增刊）2004年。
20. 卫龙宝、储雪玲、王恒彦：《我国城乡老年人口生活质量比较研究》，《浙江大学学报》（人文社会科学版）2008年第6期。
21. 谢宇：《回归分析》，社会科学文献出版社2010年版。
22. 谢宇、张晓波、李建新、于学军、任强：《中国民生发展报告2013》，北京大学出版社2013年版。
23. 邢占军：《城乡居民主观生活质量比较研究初探》，《社会》2006年第1期。
24. 熊跃根：《我国城市居家老年人晚年生活满意程度研究——对一项调查结果的分析》，《人口与经济》1999年4月。
25. 徐勤、顾大男：《中国城乡高龄老人健康及死亡状况特征的比较研究》，《中国人口科学》（增刊）2001年。
26. 姚本先、石升起、方双虎：《生活满意度研究现状与展望》，《学术界》2011年第8期。
27. ［英］Rupert Brown：《群体过程》，胡鑫、庆小飞译，方文审校，中国轻工业出版社2007年版。

28. 张文娟、李树茁：《代际支持对高龄老人身心健康状况的影响研究》，《中国人口研究》（增刊）2004 年。
29. 曾宪新：《居住方式及其意愿对老年人生活满意度的影响研究》，《人口与经济》2011 年第 5 期。
30. 曾毅：《中国人口老化、退休金缺口与农村养老保障》，《经济学》（季刊）2005 年 7 月。
31. 曾毅、顾大男：《老年人生活质量研究的国际动态》，《中国人口科学》2002 年第 5 期。
32. Andrews, F. M. & Withey, S. B., Social Indicators of Well-being: Americans' Perceptions of Life Quality, 1976.
33. Bowling, A., Ageing Well: Quality of Life in Old Age, McGraw-Hill International.
34. Caspi, A., & Elder, G. H., Jr., Life Satisfaction in Old Age: Linking Social Psychology and History, *Journal of Psychology and Aging*, 1986, 1 (1), 18-26.
35. Chen, C., Aging and Life Satisfaction, *Social Indicators Research*, 2001, 54 (1), 57-79.
36. Diener, E., Subjective Well-being, Psychological Bulletin, 1984, 95, 542-575.
37. Diener, E. D., Emmons, R. A., Larsen, R. J., & Griffin, S., The Satisfaction with Life Scale, *Journal of Personality Assessment*, 1985, 49 (1): 71-75.
38. George, L. K., & Bearon, L. B., *Quality of Life in Older Persons: Meaning and Measurement*, New York: Human Sciences Press, 1980, p. 238.
39. Gubrium, J. F., *The Myth of the Golden Years: A Socio-environmental Theory of Aging*, Springfield: Charles C. Thomas, 1973.
40. Han, Chunping., *Rural-Urban Cleavages in Perceptions of Inequalityin Contemporary China*, Dissertation for the Degree of Doctor of Philosophy in the Subject of Sociology, Harvard University, Cambridge, Massachusetts, 2007.
41. He, W., Sengupta, M., Zhang, K., & Guo, P., US Census Bureau, International Population Reports, P95/07-2 Health and Health Care of the

Older Population in Urban and Rural China: 2000, US Government Printing Office, Washington, DC, 2007.
42. Kinsella, K. & He, W., US Census Bureau, International Population Reports, Washington, DC: US Census Bureau, 2009.
43. Knight, J., Song, L., & Gunatilaka, R., Subjective Well-being and its Determinants in Rural China, *China Economic Review*, 2009, 20 (4): 635-649.
44. Knight, J. & Gunatilaka, R. The Rural-urban Divide in China: Income but Not Happiness? *The Journal of Development Studies*, 2010, 46 (3): 506-534.
45. Neugarten, B. L., Havighurst, R. J., Tobin, S. S., The Measurement of Life Satisfaction, *Journal of Gerontology*, 1961.
46. Li, H. & Tracy, M. B. Family Support, Financial Needs, and Health Care Needs of Rural elderly in China: A Field Study, *Journal of Cross-Cultural Gerontology*, 1999, 14, 357-371.
47. Pavot, W. & Diener, E., Review of the Satisfaction with Life Scale, *Psychological Assessment*, 1993, 5 (2): 164.
48. Schuessler, K. F. & Fisher, G. A., Quality of Life Research and Sociology, *Annual Review of Sociology*, 1985, 11 (1): 129-149.
49. Selden, M., Poverty Alleviation, Inequality and Welfare in Rural China, *Economic and Political Weekly*, 1999, 34 (45): 3183-3190.
50. Shin, D. C. & Johnson, D. M., Avowed Happiness as an Overall Assessment of the Quality of Life, *Social Indicators Research*, 1978, 5 (1-4): 475-492.
51. Silverstein, M., Cong, Z., & Li, S., Intergenerational Transfers and Living Arrangements of Older People in Rural China: Consequences for Psychological Well-being, *Journal of Gerontology: Social Sciences*, 2006, 61B, S256-S266.
52. Zhang, W. & Liu, G., Childlessness, Psychological Well-being, and Life Satisfaction among the Elderly in China, *Journal of Cross-cultural Gerontology*, 2007, 22 (2): 185-203.
53. Zhang, A. Y. & Lucy, C. Y., Life Satisfaction among Chinese Elderly in Beijing, *Journal of Cross-Cultural Gerontology*, 1998, 13 (2): 109-125.

老年人养老负担—家庭承载力指数研究

封 婷[①]

长期以来，我国养老模式以家庭养老为主，但随着经济社会转型、计划生育基本国策的实施以及快速人口流动，家庭规模日益缩小，代际结构和居住特征也发生了变化，家庭的养老功能不断弱化。家庭是否还有能力承担老年人的养老？哪些群体依靠家庭养老更为困难？这是本研究试图通过综合评价养老负担和家庭养老承载力来回答的问题。这方面的探索将有助于了解老年人家庭实际资源和老年人现实需求，为老年人自身和老年家庭之外的各方，包括社区和政府需要投入的支持力量与方向，及养老服务市场的需求容量和特点提供指引，以期解决老年人家庭实际困难，提升老年人晚年生活的福祉，应对人口老龄化对家庭和社会的挑战。

一 概念和对象界定

本研究所称的家庭是指由婚姻或血缘和领养等联系在一起的一群人，成员之间通常存有赡养和继承关系，并被称为亲属（family）。与之有关联但也有区别的概念是同居共爨的一群人，在一般调查中称为家庭户（对应household），特点是家庭成员共同居住，为与不一定存在亲属关系的住户概念以及不涉及居住形式的家庭概念加以区分，本文将这个概念称为家户。

家庭以亲缘为纽带，在家庭生命周期转变和家庭成员流动、分居等变动下仍能发挥作用，实现家庭的基本功能，赡养是其中重要的一项。而家户反映的是家庭成员的居住形式，会随着家庭生命周期不同阶段、受家庭

[①] 封婷，女，中国社会科学院人口与劳动经济研究所助理研究员。

条件限制、为实现家庭功能而调整。家庭变化是家户变化的基础。故若单纯从家户结构即老年人居住现状出发研究老年人的状况，无法考虑到家庭纽带的紧密性和家庭居住安排的灵活性，与现实中老年人自己所认知的可及资源也不符。因此，本研究将主要由直系亲属组成的家庭这一整体作为研究的范围。

养老负担定义为老年人由于生理老化和脱离社会所带来的本身的脆弱程度（王梅、夏传玲，1994），而养老的家庭承载力则指老年人家庭中的成员（包括老年人自己）所具有的应对这种脆弱性的能力。本研究使用专项调查数据，考虑到资料的可获得性，考察的养老负担是以被调查老年人为主体。家庭承载力考虑的则是被调查老年人所在家庭范围内对养老的支持力，包括老年人自身、存活的配偶和子女等其他家庭成员。本研究中养老家庭承载力的概念与通常文献中所称的家庭养老能力的不同之处在于：其一，承载力的范围是老年人所在家庭，而非基于家户；其二，不包含家庭中全部的养老能力，而主要限定为与负担相对应、针对养老负担满足其需要的能力。将负担和承载力对应考察，更有利于发现养老支持力相对不足的群体的特征。

二 文献综述

目前以家庭为整体考察养老能力、将负担和养老能力结合考虑的综合性定量研究文献相对较少。本文通过梳理现有的代际支持阐释性模型、描述性模型以及中国实证研究，在此基础上总结出以家庭为养老支持力来源的相关研究成果，作为指标选取的依据。

已有家庭养老的研究多聚焦于家庭提供的以代际支持为主的养老支持。代际关系的阐释性模型解释家庭中代际交换产生的机制，即动力和作用机理，主要有三类（Lee et al., 1994；张文娟、李树茁，2004）。第一种为控制力和谈判模型（Power and Bargaining Model）（Goode, 1963），强调对家庭资源的控制力和家庭联系中预期的回报作为谈判的筹码，各代为了实现自己的利益最大化（如获得遗产）策略性地进行代际合作。中国工业化进程使生产不再以家庭为单位，传统的以继承为主轴的代际经济关系被打破，可能会削弱老年父母对子代的控制力，从而影响子代对父母的支持（阎云翔，2000；王跃生，2009）。因此，老年人本身的经济资源，不仅决定着自身的经济状况，并且可能是获取家庭支持的保障，需要纳入评价体系。第二种为互助模型（Mutual Aid Model）（Michael et al.，1980），强调家庭成员之间的互相帮助，可减轻收入波动给成员生活带来的风险，在华人社会的研究（Lin & Yi，2011；马忠东、周国伟，2011）都发现父母的实际需求是"拉动力"，印证了互助模型中强者对弱者的帮助。因此老年人已有的经济、人力需求，既是养老负担的组成部分，也对家庭已提供的支持力有很强的影响。第三种合作群体模型（Altruism/Corporate Group Model）（Becker，1974，1991），指出如果存在一名无私的家长，其既能控制家庭绝大多数资源，又关心每个家庭成员的福利，那么该家长可以使家庭资源（跨期）的分配达到帕累托最优。对中国台湾和大陆代际支持的研究都验证了合作群体理论（Lee et al.，1994；Yi & Lin，2009；张文娟、李树茁，2004；张文娟，2012）。因此，子代的资源是养老支持力很重要的方面，需要予以考虑。这三类模型阐释了家庭资源特别是子代资源转化为实际养老承载力的机制，并且都得到了中国实证研究的验证，从而提示我们，经济和人力资源两方面的交换，父母的资源、需要以及子代的资源，都应作为指标设计的重点。

代际关系的描述性模型提供了另一种认识代际融合的方式。其一是代际关联模型（Intergenerational Solidarity Model）（Silverstein & Bengtson，1997），提出了在家庭层面代际关联的不同维度，根据这些维度的强弱分布将代际关联分为不同类型。有学者对东亚代际关联进行了实证研究（林如萍，2011；Lin & Yi，2013）。因此我们在指标选取时，关注已有的代际联系，如家人已经提供的照料强度及其质量、同住家庭成员数量。其二是护航模型（Convoy Model）（Kahn & Antonucci，1980），强调家人在不同生命历程的陪伴和保护有益于老年人身心健康（Antonucci，2001；张友琴，2001）。根据这一模型，不同住的子女依然是老年人的依靠，应在指标中有所反映。不同于主要关注经济动机的阐释性模型，描述性模型将代际联系扩展到心理、文化、地理距离等方面，展现出家庭中代际融合的全面图景。本研究通过目前同住的家庭成员状况即家户结构、子女已经提供的照料小时数以及老人本身对照料的评价来反映目前的代际联系,由于不同住的子女当老人有照料需求时也会成为支持力的来源,因此也纳入考虑范围。

曾毅和王正联(2004)通过对五普数据的分析,指出中国家庭内部的代际支持是老年保障和照料的主要来源。然而,进入 21 世纪,在我国经济快速发展的同时,老龄化与多种因素也在急剧变化,突出表现在人口流动增多,而只有极少数流动人口的家户形式是成年子女与父/母一起,带来老年父母与子女地域分割的问题;我国生育水平从 20 世纪 70 年代开始下降,所影响的生育队列正进入或即将进入老年,其家庭照料人力和经济能力会相对不足;近年来社会保障体系逐步完善,特别是养老和医疗保险制度能够帮助解决老年人养老的实际困难,使老年人自身的经济能力和抵抗风险的能力得以提升。这些变化对养老的需求、老年人自身的养老能力和来自家庭的支持产生了深远的影响,需要设置相应的指标。此外,中国夫妻间互相照顾是养老支持力的重要来源(周云,2000;张友琴,2001),提示我们需要考虑代际交换之外配偶对养老的作用。

已有文献较少见以家庭整体承载能力为出发点的研究。在当前中国老龄化及其影响快速、纵深发展,多种相关因素消长的形势下,有必要从家庭整体出发,把养老负担和承载力相结合进行综合评价,并重点分析养老能力相对不足的人群。

三 分析方法和数据来源

(一) 指标和指数设置思路

本研究采用多指标和综合指数的定量评价方法,主要关注老龄化在家庭层面的特征,试图刻画个体老年人养老的负担,以及该老年人家庭(包括老年人本人、配偶、子女及其他直系家庭成员)的养老支持能力,寻找家庭养老能力与养老负担相比不足的群体特征。

在指标设计方面,尽管很多文献都把养老分为经济供养、生活照料和精神慰藉三个方面,但本研究只考虑经济和人力两种因素,并将负担或承载力划分为经济、人力和潜在三个方面。

设置潜在分指数的原因是，老年人会有突发急症或意外的风险，随着年龄增长，老人未来自理能力也将逐渐降低，对照料的需求逐渐增多，疾病沉疴也带来经济的压力。这些风险在目前可能未形成养老的实际负担，然而一旦发生就需要家人的帮助。为了反映老年人尚未表现出来的脆弱性以及家庭进一步补偿老年人未来脆弱性的能力，本研究在现有负担—承载力之外，扩展出潜在养老负担和家庭承载力的维度。

本研究没有纳入精神慰藉内容，主要因为：（1）精神慰藉多与经济和照顾因素相关，其实质是对于未来经济和照料可获得性的考虑；（2）精神慰藉不一定由家人提供，特别在目前不同代际观念差异大、子女流动不在身边或者未流动却分开居住的情况下，老年人在能够自理的情况下不愿离开自己的故乡或者长居处所，很大程度上是为了社会交往、精神愉悦等方面的便利；（3）精神不一定形成养老负担，家人交流更多是情感的需要，除非老年人出现精神方面的疾病，而这种比例很低；（4）精神慰藉方面的负担和能力主观性强，难以定义或通过调查数据准确反映，也不具备可比性，不便于追踪监测。

因此，本研究将综合形成经济、人力和潜在三类分指数，在分指数之下，从负担和承载力两个侧面设置具体指标，构建总指数至分指数至指标的养老负担—家庭承载力指标体系。

指标体系建立的原则和具体方法是：（1）在养老负担方面反映老年人自身经济、人力、潜在三个方面的脆弱性，即老年人养老的需求，而家庭养老承载力方面则反映出包括老年人自己、存活的配偶和其他家庭成员在经济、人力、潜在三个方面的支持力，即家庭对养老的供给；（2）使用功效函数将所选的指标取值转换成功效得分，对不同变量取值进行标准化（无量纲化），便于进行指标的综合；（3）将形成各个分指数的不同指标的功效得分进行汇总，通常采用加权平均的方法，但实际操作中很难确定权重，因此本研究将指标进行数值平均求得各分指数，即认为构成分指数的各指标影响相同。类似地将负担和家庭承载力两个侧面的各自三个分指数进行数值平均得出负担和家庭承载力两侧面的总指数。

使用综合指数评价法的优点是，其一，通过收集大量指标的数量信息，并使用功效函数转换进行标准化，得到的结果更为直观，也更具可比性；

其二，采用多个相关的定量指标来综合测量不同方面的水平，合成的指数更加全面和稳健，能比较准确地反映老年人及其家庭的实际情况。

(二) 指标构建的框架

如前文介绍，本研究将老年人养老负担—家庭承载力指标体系分为经济、人力和潜在三方面的负担—承载力，共计六个分指数，每个分指数由数个指标构成（见表1）。

经济分指数主要反映实际发生的老年人养老支出和老年人本人及家庭满足老人养老经济需要的能力。负担即为支出方面，考虑目前为赡养被调查老人发生的实际花费，包括老人所需照料和医疗服务的花费，以及反映总体上支出是否受限的指标。老年人家庭对老人养老现有的支持力，主要考虑老年人自身每月退休金和养老金收入，子女、孙子女合计对老年人的财务支持总额，以及老年人对经济状况的自我评价。

人力方面所反映的是老年人实际生活照料的需要和家庭人力投入的情况。其中人力养老负担包括老年人自理能力以及照料需求的测量。而人力方面的养老家庭承载力指标主要考察当前家庭照料能力和所提供照料的质量。

潜在养老负担和家庭承载力主要指目前还没有发生，但未来可能成为经济和人力负担的因素，以及家庭成员在需要时进一步提供养老支持的能力。其中潜在养老负担是随着老年人身体机能的衰弱，在可见的未来需要经济、人力照料的潜在可能和强度，主要由老年人健康状况决定，考虑的是患退行性疾病可能带来的未来身体状况下降、老年人一旦患病得到医疗服务的可能性以及老年人身体健康情况的整体评价。承载力是家庭应对潜在养老负担的能力，不管家庭形式如何变化，如子女婚后从家户中分出，或者因人口流动有部分儿女不在身边，但儿女是老人养老的依靠，因此要反映儿女数量对老人的人力潜在支持；医保状况是老年人患病时获得医疗服务和降低医疗支出负担的保障；全家去年总收入反映老年人家庭财务能力，对独居老人收入进行的分析也显示老人填报的全家收入与家户收入差异较大，也从侧面印证了在老人心中可以依靠的是由亲缘关系决定的家庭，而不完全受居住形态所限，因此全家去年总收入代表了家庭潜在的经济承载力。设置潜在方面的指标是本文的尝试，从老人的健康情况和家庭资源来看，都有现状和未来两种维度，未来健康的恶化将会给家庭带来负担，而家庭其他资源也是可以进一步发动的，不能不予以考虑。

表1　　　　　　　　老年人养老负担—家庭承载力各项指标

	养老负担指标	养老家庭承载力指标
经济	照料费用 生活来源是否够用 门诊、住院医疗费用	每月领取退休金或养老金金额 过去一年子辈支持金额 自评生活在当地是否富裕
人力	ADL总分 IADL总分 亲属提供照料时长	同住家庭成员数量 配偶是否健在与配偶健康状况 照料能否满足需要
潜在	所患慢性疾病数量 如果患病能否及时到医院治疗 访员观察健康状况	存活儿女数量 医保状态 全家去年全年总收入

注：因篇幅原因，变量的说明、描述统计以及指数/分指数的信度分析从略，可联系作者获取。

（三）综合评价方法的选择

本研究考察的是家庭养老资源，因而只能使用专项调查资料。但一般社会调查中以分类变量或定序变量居多，而且设置的选项也有限，这使得本研究选择的指标极少有连续型变量，且区分度较低，可能会影响评价和综合效果。因此，我们选用了适合处理分类变量的综合评价模型和打分方法，能够提高在分布较为集中的区域得分的区分度。

与其他综合评价方法相比，本研究使用综合指数评价法具有实用、有效、结果稳健的特点，特别是对跟踪调查数据收集便于进行横向和纵向的比较（彭非等，2007）。打分模型采用指数型功效函数，而后使用功效得分来进行综合评价。选择的函数来源于王学全（1993）提出的单项指标的指数型功效函数，承袭了彭非等（2007）的思路，根据数据的特点进行了改进。本研究使用的功效函数为：

正向指标，$d = A - B e^{(x - x_M)/(x_L - x_M)C}$；

逆向指标，$d = A - Be^{(x-x_M)/(x_U-x_M)C}$。

其中，d 为单项评价值，x 为指标的实际值，x_M 为指标数值平均，x_U 为最大值，x_L 为最小值，A、B、C 是三个待定参数。在 A、B、C 都取正值的情况下，正向指标一阶导大于零，二阶导小于零，而逆向指标则一阶导和二阶导都小于零（推导从略）。该函数与彭非等（2007）改进的指数型功效函数相比，主要差别在于：（1）具有凹性，而非凸函数。直接对未作对数变换（凹变换）的原始取值进行功效打分时，可在分布集中的低水平区域增加区分度，调整分布的偏度。（2）增加了一个待定参数，使值域分布也较为均匀。王学全（1993）和彭非等（2007）中的功效函数只有两个待定参数，使得较低水平得分集中，这与经济指标更关注优化的研究视角有关。而本研究更为关注较低水平的情况，因此多设置一个待定参数，使最差值到平均值之间的分布更均匀。

该指数型功效函数的优点在于：（1）函数具有单调性，即正向指标功效得分随原取值升高而升高，逆向指标功效得分随原取值降低而升高；（2）具有凹性，在低水平增长时边际得分增加更多，能在原始取值低水平分布密集的情况下提高区分度，体现出变量原值代表的真正差异；（3）函数形式中使用了指标的数值平均，使得分的分布与原始取值的分布相关，可以调整原始指标偏度的影响。

将最不满意值的得分定为 0，均值的得分定为 50，最满意值的得分定为 100，代入功效函数表达式得到，$A = 100$，$B = 50$，$C = \ln 2$，实际应用的公式为：

正向指标，$d = 100 - 50e^{(x-x_M)/(x_L-x_M)\ln 2}$；

逆向指标，$d = 100 - 50e^{(x-x_M)/(x_U-x_M)\ln 2}$。

使用公式对表1列示的变量分别使用选定的功效函数进行转换，得到每条记录每个指标的功效得分，再将同一分指数内部的三个功效得分作数值平均，得到相应的分指数，最后对分指数作数值平均得到养老负担和家庭承载力两方面的总指数。

（四）数据来源

本研究数据来自 2011—2012 年"中国老年健康影响因素跟踪调查"

（简称 CLHLS 调查），其样本覆盖中国 22 个省、直辖市、自治区，对中国城乡老年人口有较好的代表性。此项调查对高龄老人抽取了更多样本，可以清楚地反映身体状况不能自理时老人所需的和家庭提供的经济和人力照顾，也可以用中低龄老人的样本反映出潜在的问题。为考察老年人家庭的养老负担和承载力，本研究选取独居或与家人同住的 7176 名老人的子样本作为分析对象。

表 2 为本研究样本的基本特征。高龄老人所占的比例相对较高（65.7%），样本中的女性老人略多于男性老人，居住在农村、镇和市的老人各占 43.3%、35.5% 和 21.2%。

表 2　　　　　　　　研究人群人口特征（N = 7176）

变量		百分比	变量	百分比
性别	男	45.1	年龄分组　65—79 岁	34.3
	女	54.9	80—89 岁	29.2
现居住地	城市	21.2	90—99 岁	26.0
	镇	35.5	100 +	10.5
	村	43.3		

四　养老负担—家庭承载力指数应用研究

我们能够通过不同群体指数或分指数得分的对比，获得人群分布的特征，从而识别出相对困难的群体。[①] 本研究选择老年人现居住地类型、年龄分组、性别、存活子女数等特征，对获得的指数进行单因素对比分析。而后使用卡方自动交互检测（CHAID）的方法，寻找在养老负担和家庭承载力两个侧面，经济、人力和潜在三方面相对困难的群体。

---

① 实际应用中需注意由于各项指标以及汇总形成的各指数的功效得分均为相对水平，分数的高低没有绝对意义，比如负担总分高于承载力总分，并不一定说明该老年人的家庭就必然无法承担其养老。

（一）指数群体分布的单因素分析

考察不同居住地类型老年人指数分布的特点（见图1），差异最大的是经济家庭承载力，城市远高于其他类型，镇又高于乡，反映出城乡经济发展的差距，而经济负担则三者差异不大；城市的养老负担人力分指数高于镇和乡，这可能与城市老年人期望寿命高、高龄老人占比更多带来城市老年人整体的身体机能水平较低有关，而人力的家庭承载力只略高于镇和乡，两相对比城市更为困难；而在潜在分指数上，城市老人潜在负担虽大，但潜在家庭承载力也比较高，而生活在乡的老年人则最为不利。总体来说，居住地对家庭承载力的影响比较大，单变量交互分析也发现，城乡老年人在养老金或退休金、医疗保险状态、全家总收入等方面有较大差异。因此总指数方面，城市的养老负担和家庭承载力都高于镇和乡，乡老年人最为弱势。

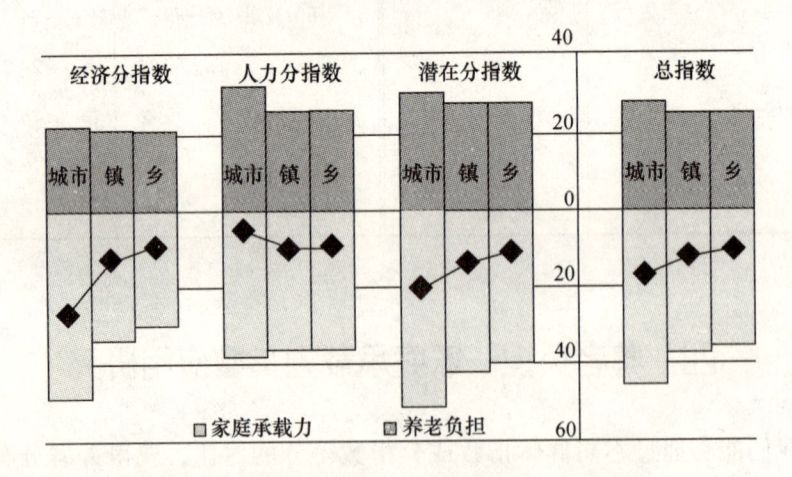

图1　老年人居住地与养老负担—家庭承载力指数

在性别差异方面（见图2），女性老年人三个负担分指数都高于男性，而三个家庭承载力分指数都低于男性，综合起来，女性的总指数也是负担较重且家庭承载力较弱。这可能与女性寿命更长、身体机能较差、经济社会地位较低和婚配时男高女低的年龄差造成的配偶存活与健康状况不佳有关。

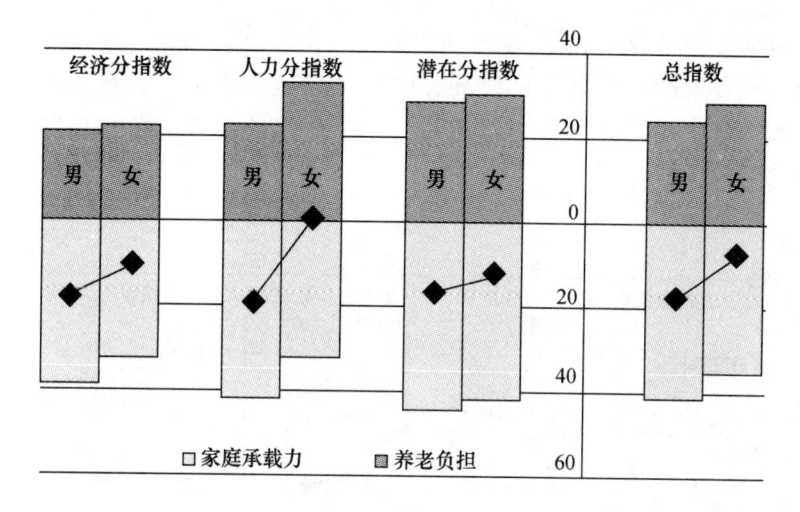

图2 性别与养老负担—家庭承载力指数

年龄方面,总体来说年龄分组对养老负担的影响比较明显(见图3),特别是现有的经济和人力养老负担,随着年龄的增加而急剧升高。而家庭承载力方面,则是年龄较低的老年人家庭承载力越高,在经济、人力、潜在三方面的状况都稍好。

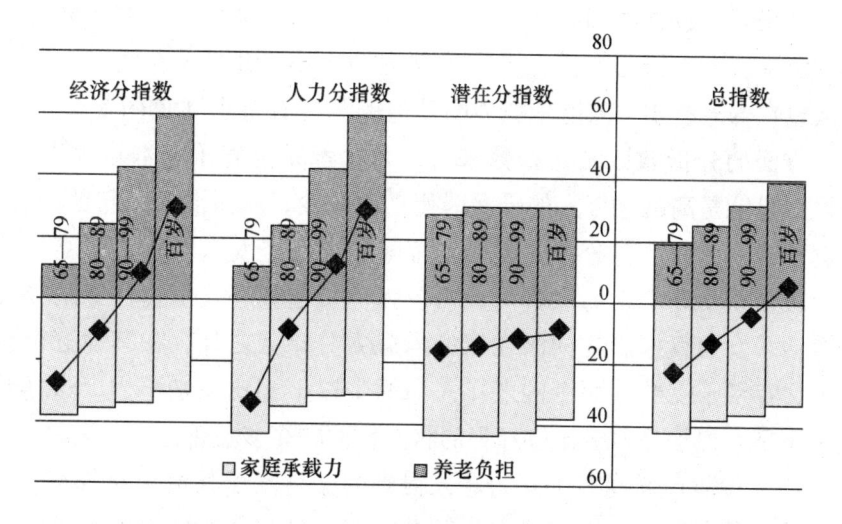

图3 年龄分组与养老负担—家庭承载力指数

从地理分布来看（见图4），养老负担在中部地区最高，东部和西部比较接近。家庭承载力则是东部最高，西部又略逊于中部，体现了东西部发展的差距。负担和家庭承载力相比较，中部地区的高养老负担使其整体处于弱势。

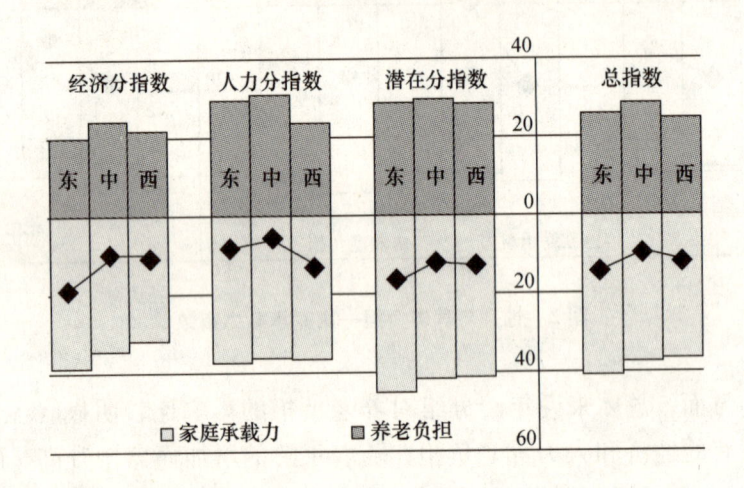

图4 地理分布（东、中、西部）与养老负担—家庭承载力指数

存活子女个数是被调查老年人的家庭特征，它是构成潜在家庭承载力的指标之一，会直接影响潜在家庭承载力的大小，此外，存活子女数不同的老人也在养老负担—家庭承载力的其他侧面存有差别（见图5）。对养老负担三方面的分指数以及总指数来说，几乎都是随着子女数增多而降低，部分原因可能是高龄老年人的子女因死亡而减少，从而混入了年龄的影响。但家庭承载力方面，各分指数大体上都随着存活子女数增加而提高。总体来看，较多子女老年人的家庭承载力较强而负担较小。值得注意的是，除了受存活子女数直接影响的潜在家庭承载力分指数之外，在其他五个分指数方面，存活子女数为两个的老年人与两个以上相比差别不大，这样看来存活两个子女似乎是养老比较理想的状态，而非多多益善。

徐勤（1996）发现多子女的老人得到的支持高于其他子女状态，认为养老的需求是多生育的内在动力，但本研究通过综合评价方法得出的结果却是"两个刚好"。可能的解释是，在经济快速发展和转型过程中，生育更多的子女可能会因为影响家庭经济资源的积累、缺乏对子女人力资本的投入，以及子女之间互相推诿，而难以转化为实际的养老支持力。居民实际收入提高，以及养老、医疗等保险的完备，也会让生育边际成本增加，而可预期的边际收益不一定增加，或者并不是老年生存和生活的必需。在当前持续低死亡率水平下，防御性的多生也不再必要。因此，如果本研究的结果与现实生活中育龄人群的感知相一致，生育意愿和行为也会随之调整，即人们将不再一味追求更多的子女数量。

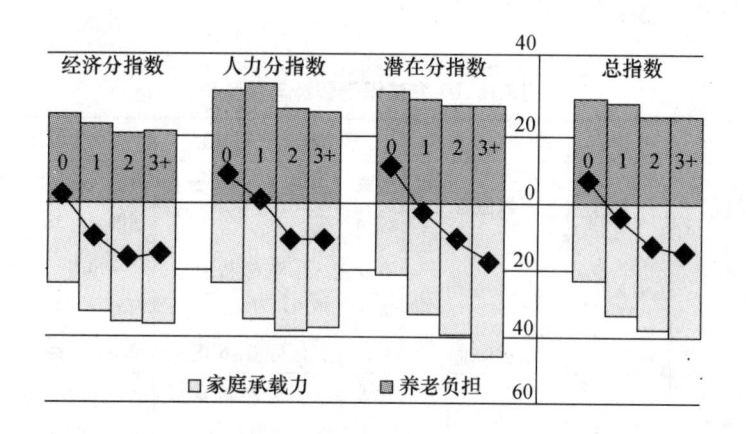

图5 存活子女数与养老负担—家庭承载力指数

（二）家庭养老能力相对不足群体的综合识别

由于形成的指标功效得分和分指数、指数具有单调性（负担类指数单调递减，承载力类指数单调递增），故可将养老负担各指数与相应的家庭承载力各指数的得分相减，计算出养老负担—家庭承载力的缺口指数（分指数），这样得到的缺口类指数也是负向且单调的。而家庭承载力和养老负担指数的值域都是 [0, 100]，因此所计算的缺口指数（分指数）的值域是 [-100, 100]。如前文所述，不管是负担还是承载力的指标得分和指数都只有相对的含义，所以相减得出的值的正负（即与零相比的大小）并没有绝对意义，但所具有单调性仍能保证数值大代表缺口比较大，即依靠家庭养老相对比较困难。用指数（分指数）的缺口识别整体或某一方面相对不足的群体，有助于针对性地提出对策建议。

本研究重点在于寻找家庭养老能力不足的群体分布，并且希望人群的划分有较强的政策导向，因此，通过前面单变量分析，将年龄分组、性别、城乡分布（居住地）、地理分布（东、中、西部）这四个最基本的群体特征作为影响变量，使用卡方自动交互检测的方法（CHAID, Chi-squared Automatic Interaction Detector）（王广州，1999），来寻找在经济、人力和潜在三方面，负担、承载力两个侧面以及整体而言相对不足的群体（结果汇总在表3）。

表3　　　　　　使用 CHAID 方法识别弱势与优势群体

	平均值	最强影响因素	弱势群体（得分）	优势群体（得分）
经济缺口	-14.1	居住地	城市、百岁老人、女性（2.4）	城市、65—79岁、东部和西部（-38.6）
人力缺口	-8.8	年龄分组	百岁老人、东部和中部、女性（36.9）	65—79岁、男性、东部和西部（-41.3）
潜在缺口	-14.1	居住地	乡、百岁老人（-6.0）	城市、男性（-24.8）
负担总指数	26.5	年龄分组	百岁老人、东部和中部、城市和镇（45.0）	65—79岁、东部和西部、男性（17.6）
承载力总指数	38.9	居住地	乡、百岁老人、中部和西部（30.0）	城市、男性、65—79岁和80—89岁（53.9）
总缺口	-12.3	年龄分组	百岁老人、女性、东部和中部（10.7）	65—79岁、城市、男性（-35.5）

从经济、人力、潜在三个缺口分指数的分布来看，年龄和城乡差距是重要的影响因素，三个方面的优势群体和弱势群体都表现出了较高程度的相似性，如高龄相对于中低龄老年人缺口更大，女性在经济和人力方面处于劣势。这说明最弱势的群体的困难具有整体性，即在各个方面都处于不利地位，难以通过家庭自身某类相对充足的资源来弥补不足，这种状况下家庭内部的互助或者群体合作都无从谈起。另外值得注意的是城市和东部虽然从整体来看是有利因素，但在如百岁老人、女性这些亚群体中，可能不及乡镇或者中西部，成为优势中更为困难的群体。

从养老负担和家庭养老承载力两个侧面的总指数来看，年龄是养老负担最重要的影响因素，而居住地是家庭承载力最重要的影响因素，这与生活中的经验相接近——老年人生理机能老化和脱离社会所带来的养老负担，随年龄增长而加重；而家庭补偿这种脆弱性的能力，主要在于以城乡差异为代表的家庭经济社会地位的差别。与各分指数缺口类似，百岁以上老年人中，位于东部和中部或居住在城市和镇的负担更高，而东部以及城市和镇在单因素分析中是相对优势的因素，说明在亚群中，东、中、西部和城乡的差距发生了反转。

负担最重和承载力最弱的群体、负担轻与承载力强的群体重合度都较高，这表明老年家庭的困难是在负担重与承载力弱两个方向互相叠加的。年龄在其中起了很大的作用，说明老化对负担和承载力两方面都是不利因素。年龄分组与社会保障类变量的单因素分析显示中低龄老年人享有更多、更高水平的社会保障，这是新的队列特征，能够保障他们未来在高龄时的生活条件高于现在的高龄老人。另外，居住地、地理分布有较大影响，说明对困难群体来说，养老资源的相对不足也是积贫积弱的结果，难以凭自身或家庭的努力改变。由这一结果反思家庭内部代际供养研究提出的U形趋势或者老年人需求是供养"拉动力"的结论（Lin & Yi, 2011；马忠东、周国伟，2011；Lee et al., 1994），在一定程度上给人以代际支持可以弥补老年人本身不足的印象，但从本研究结果来看，负担最重的群体没有成为承载力强的群体，而是与承载力弱的群体有所重合——高龄老年人随着老化加重，经济和人力需求增加，再加上他们及其直系亲属数量减少且收入降低，因而家庭整体的支持力也在降低，体现了老化"不可逆转"的特征。

从养老负担—家庭承载力缺口总指数来看，一方面，它是三个缺口分指数的数值平均，因此在分指数弱势中出现多的群体特征更容易成为总体的弱势群体；另一方面，总缺口也是负担总指数与承载力总指数的差值，因此那些负担重、承载力弱的群体，二者相抵就更为弱势。结果显示年龄分组是最重要的影响因素，高龄、女性、东中部的老年人更容易成为养老能力不足的群体，而中低龄老年人中处于经济社会优势地位的城市和男性，养老能力相对于负担更为充足。

五　结论与讨论

　　本研究以家庭为载体来讨论养老能力，将老年人家庭整体的可及资源作为老年人养老的支持力来源，并把老年人养老的负担跟家庭承载的能力结合在一起考虑，通过负担和支持力的量化和比较，分析了负担和承载力的群体分布，寻找家庭养老能力相对不足人群的基本特征。

　　研究发现，城市、男性、低龄、东部以及存活两个以上子女都是养老的有利因素，乡镇、女性、高龄、中西部以及无存活子女或存活子女少是养老的不利因素。值得注意的是两个子女就能达到理想的养老状态，子女数进一步增加几乎没有改善。从构成总指数的经济、人力、潜在缺口的人群分类结果来看，三方面的弱势群体有一定的近似性，提示弱势群体的困难并不在于某一点，而是具有整体性。另外城市、东部的某些群体（百岁老人、女性等）成为优势中的弱势。从负担和承载力两个侧面来看，弱势群体呈现负担重与承载力弱互相加深的特点，这是老化所独有的特征，可能也与弱势在家庭不同代际传递有关。对养老负担和家庭养老承载力指数总缺口的分析显示，年龄的影响最大，高龄、女性、在东中部的老年人养老能力相对不足。

　　本研究在相关理论和实证研究的基础上，以家庭整体为出发点来研究家庭养老的能力，但是现实中家庭的资源是否能直接转化成养老的资源，以及多大程度能为养老提供支持呢？事实上作为养老承载者，老年人子代在抚幼、个人职业发展等方面的压力也很大，其养老能力和养老实际意愿可能有较大不同，可能形成代际关系中的"违约"。这是家庭生命历程特定阶段（抚幼与养老同时肩负）的特点，还是会产生新的队列特征？随着父母年岁增长，养老需求迫切的时候，是否会将家庭重心转移？这些问题有待进一步研究。

　　多元分析中来自优势地区或居住地类型的某些老年人群体最为弱势的结果，也对真实需求的度量手段提出了挑战。尽管经济、人力、潜在三方面的负担指标设置中，都有让老人评价经济来源是否够用、照料是否满足需要以及患病时能否及时到医院治疗这样的主观变量，但强势区域中弱势群体因负担和支持力的弱势相对突出，很容易被监测到，而弱势区域受到经济、医疗、社会发展条件限制，尚未现实存在的需求很容易被忽略，从而难以准确度量。这需要我们寻求更多手段来寻找"未观测到的需求"，也提示在对强势区域中的弱势群体扶助之外，给予经济相对落后地区和居住地类型的老人以更高水平的保障和社会服务，才能诱导出本已存在但无法显现的需求。

本研究提出以老年人家庭为主体提高家庭整体的养老能力和意愿。政策应着眼于提高家庭整体的养老承载能力，并促进家庭资源更多地转化成实际的支持，因此实践中既要重视解决老年人自身的实际困难，也要注意减轻老年人家庭中的中青年的压力，对老年人家庭的成员进行帮扶。

分析结果显示，家庭养老能力相对最为不足的是高龄、女性、在东中部的老年人。因此，为老服务要对高龄老人重点关注。养老负担随年龄加重，而老年人的家庭（包括配偶、子女）也在老化，相应的可及资源也在迅速减少，这种老化的特征使高龄老年人及其家庭的弱势尤为突出，需要来自政府和社会的扶持和帮助。同时，为了提升助老效果，还需要提高监测和识别水平，更具有针对性地扶助养老弱势群体。研究发现，以女性、中部地区为代表的养老弱势群体在经济、人力、潜在的各个侧面都很弱势，从而困难程度深重，为老服务政策应重点关注这类群体，避免积贫积弱，以及弱势在代际间传递。这要求老龄工作要做到点面结合，提升对某些亚群体的监控和识别水平。

本研究应用的 CLHLS 调查数据中高龄老人更多，而中低龄老年人所占的比例相对偏少，因此本研究的结果对老年人需求的现状更为敏感，而对潜在的需求和供给可能不够敏感，未来可以使用其他数据进一步验证研究的结论。本研究是使用调查数据进行综合评价的初步尝试，对分类变量的量化、评分以及指数信度的评判标准等，都还有待进一步研究。

参考文献

1. 马忠东、周国伟：《市场转型下的老年供养研究》，《人口研究》2011 年第 3 期。
2. 林如萍：《东亚家庭的代间互动类型研究》，《当代中国研究》2011 年第

1 期。
3. 彭非、袁卫、惠争勤：《对综合评价方法中指数功效函数的一种改进探讨》，《统计研究》2007 年第 12 期。
4. 王广州：《AID 和 CHAID 在多变量市场细分中的应用研究》，《市场与人口分析》1999 年第 5 期。
5. 王梅、夏传玲：《中国家庭养老负担现状分析》，《中国人口科学》1994 年第 4 期。
6. 王学全：《多指标综合评分法中单项指标的非线性记分法》，《统计研究》1993 年第 5 期。
7. 王跃生：《制度变革、社会转型与中国家庭变动——以农村经验为基础的分析》，《开放时代》2009 年第 3 期。
8. 徐勤：《儿子与女儿对父母支持的比较研究》，《人口研究》1996 年第 5 期。
9. 阎云翔：《礼物的流动：一个中国村庄中的互惠原则与社会网络》，李放春、刘瑜译，上海人民出版社 2000 年版。
10. 曾毅、王正联：《中国家庭与老年人居住安排的变化》，《中国人口科学》2004 年第 5 期。
11. 张文娟、李树茁：《农村老年人家庭代际支持研究———运用指数混合模型验证合作群体理论》，《统计研究》2004 年第 5 期。
12. 张文娟：《成年子女的流动对其经济支持行为的影响分析》，《人口研究》2012 年第 3 期。
13. 张友琴：《老年人社会支持网的城乡比较研究——厦门市个案研究》，《社会学研究》2001 年第 4 期。
14. 周云：《家庭成员年龄特点与家庭养老》，《中国人口科学》2000 年第 2 期。
15. Antonucci, T. C, Social Relations: An Examination of Social Networks, Social Support and Sense of Control, In J. E. Birren & K. W. Schaie (Eds.), *Handbook of the Psychology of Aging* (5th ed., pp. 427 – 453), New York: Academic Press, 2001.
16. Becker, G. S., A Theory of Social Interactions, *Journal of Political Economy*,

1974, 6: 1063 – 1093.
17. Becker, Gary S. , *A Treatise on the Family*, Enlarged ed. , Cambridge, Mass. : Harvard University Press, 1991.
18. Chin – chun Yi and Ju – ping Lin, Types of Relations between Adult Children and Elderly Parents in Taiwan: Mechanisms Accounting for Various Relational Types, *Journal of Comparative Family Studies*, 2009, 2: 305 – 324.
19. Goode, William J. , *World Revolution and Family Patterns*, Glencoe, Ⅲ: Free Press, 1963.
20. Ju – Ping Lin and Chin – Chun Yi, Filial Norms and Intergenerational Support to Aging Parents in China and Taiwan, *International Journal of Social Welfare*, 2011, 10: 109 – 120.
21. Ju – Ping Lin and Chin – Chun Yi, A Comparative Analysis of Intergenerational Relations in East Asia, *International Sociology*, 2013, 3: 297 – 315.
22. Kahn, R. L. & Antonucci, T. C. , Convoys over the Life Course: Attachment, Roles, and Social Support. In P. B. Baltes & O. C. Brim (Eds.), *Life – span, Development, and Behavior* (pp. 254 – 283), New York: Academic Press, 1980.
23. Michael, R. T. , V. R. Fuchs, and S. R. Scott, Changes in the Propensity to Live Alone: 1950 – 1976, *Demography*, 1980, 17: 39 – 56.
24. Silverstein, M. and Bengtson, V. L. , Intergenerational Family Solidarity and the Structure of Adult Child – parent Relationships in American Families, *American Journal of Sociology*, 1997, 2: 429 – 460.
25. Yean – Ju Lee, William L. Parish and Robert J. Willis. , Sons, Daughters, and Intergenerational Support in Taiwan, *American Journal of Sociology*, 1994, 4: 1010 – 1041.

世界各地区人口长寿水平比较分析

——兼论区域人口长寿水平的测量和比较

林 宝[①]

一 引言

  健康长寿是人类社会长期追求的目标。人作为个体是否长寿是以其寿命来测量的，以达到某一寿命作为长寿的标志。如中国传统社会有"七十古来稀"的说法，言下之意就是活到70岁就可以算长寿了，现代社会随着人们寿命的普遍提高，长寿的标准自然也水涨船高，但到底多高水平算长寿并无定论。在长寿研究中，80岁、90岁、100岁等多个年龄均有采用。个体长寿受诸多因素影响，既与个体自身的因素有关，也与个体所处的环境有关，前者包括遗传因素和行为方式，后者则包括自然环境和社会环境等（萧振禹等，1996）。由于不同地区自然环境、社会制度、社会经济发展状况和人口构成等因素千差万别，人们在迈向健康长寿的过程中处于不同的阶段和水平，并以不同个体之间甚至是区域人口之间长寿状况的差异表现出来，使得人口长寿水平明显表现出区域性特征，出现区域人口长寿现象。

  区域人口长寿现象在一些研究中已经得到了证实。如有研究发现，中国人口长寿的分布明显表现出区域差异性（樊新民，2006，2013），长寿地

[①] 林宝，男，中国社会科学院人口与劳动经济研究所副研究员。

区分布多在黄河以南地区，且具有空间集聚性（虞江萍等，2011）。从世界范围来看，也存在一些人口长寿水平较高的地区，如日本冲绳岛、意大利撒丁岛等（Dan Buettner，2009），从预期寿命的角度来看，瑞士、日本、意大利等是世界上最长寿的国家（新华网，2013）。

区域人口长寿研究实际上是将长寿概念从个体层次拓展到了群体层次。由于人口由众多出生队列构成，因此人口长寿水平是多个队列的不同长寿水平综合作用的结果，反映的是多个队列面对死亡风险时的存活状况，即多个队列的总体寿命状况如何，其测量及不同人口之间的比较远比考察个体长寿水平时更为复杂。从现有研究来看，对如何测量和比较人口长寿水平还缺乏系统的分析，一些研究对所选指标对于人口长寿水平的代表性未做任何考察，因此对区域人口长寿水平的测量和比较在一定程度上存在随意性和缺乏说服力。本文将对测量人口长寿水平的指标和比较方法进行系统的梳理和探讨，并利用联合国人口数据对世界各国家和地区之间的人口长寿水平进行比较分析，以期为后续研究在指标选择和长寿水平比较上提供一种新的思路。

二 人口长寿水平的测量指标和比较

对个体长寿水平的测量只需记录其从出生到死亡的时间（即寿命）就可以，对某一出生队列长寿水平的测量除了记录其寿命并进而计算平均寿命外，还可以引入一些结构性的指标，如存活到某一年龄的比例等。人口是由多个出生队列构成，且处于不断变化之中，随时有不同队列进入和退出，因此很难跟踪观测所有队列从出生到死亡的全过程。人口长寿水平的测量必须依赖人口当前或较短时期内的信息。概括来讲，人口长寿水平的测量主要有三个角度：人口年龄结构、死亡人口和生命表（即死亡率）。从这三个角度可以回答三个问题：人口中有多少长寿者？人口中当期死亡者的寿命有多长？人口中当期存活者未来预期寿命有多高？

从人口年龄结构角度的测算主要是考察人口中长寿者的比例，可以回答人口中到底有多少长寿者的问题。一般而言，长寿者比例越大，意味着人口长寿水平越高。长寿者比例因为分子分母采用不同的口径可以构建出多个指标，大体可分为三类：一是以总人口作为分母，测量总人口中长寿者的情况。包含总人口中长寿者的比例和极端长寿者的比例，如80岁及以上人口比例、90岁及以上人口比例、百岁及以上老年人口比例等；二是以老年人口为分母，测量老年人口中长寿者的情况。主要指标是老年人口中长寿者和极端长寿者的比例，如60岁及以上人口中80岁及以上人口比例（以下简称80+/60+，其他以此类推）、65岁及以上人口中90岁及以上人口比例等（90+/65+）、老年人口中的百岁老人比例（100+/60+、100+/65+）等；三是以长寿者作为分母，测量长寿者中极端长寿者的情况。主要指标包括100+/80+、100+/90+等。此外，由人口年龄结构可以进一步计算的指标还包括老年人口平均年龄、长寿者平均年龄等。每一个指标都可以从某种层面上反映人口的长寿水平。从这个角度测量人口长寿水平的优点是数据易得、简单直观，便于人们接受；缺点是易受人口年龄结构的影响，出生、迁移等因素对人口年龄结构的影响也会传导到长寿水平上。以总人口作为分母时，会受总人口年龄结构的影响，以老年人口或长寿者作为分母时，虽然减小了年龄结构影响的区间，但并不能消除其影响。与人口老龄化存在底部和顶部之分一样，从这个角度测量的人口长寿水平提高也存在底部和顶部之分，由于死亡率下降引起寿命延长，进而导致长寿者比例增加可以称为顶部长寿化，是真实的人口长寿水平提高；而由于生育率下降使低年龄组人数减少而导致的长寿者比例增加是底部长寿化，是一种虚假的提高。

死亡是寿命的终点，因此从死亡人口中也可以获得人口长寿水平的信息。从这个角度的测算可以回答当期死亡者的实际寿命有多长的问题，主要考察死亡者的寿命。一般情况下，死亡者的寿命越高，则人口长寿水平越高。主要指标有两类：一是死亡人口的平均年龄（或年龄中位数），即平均寿命，可以反映当期死亡者寿命的集中趋势；二是死亡人口中长寿者的比例，如死亡人口中80岁及以上人口的比例，可以反映当期死亡者中有多大比例是实现长寿后才离世的。从死亡人口角度测量人口长寿水平也较为直观、易于理解，但是缺点在于死亡人口数据在所有人口数据中收集相对较为困难，数据质量一般也较差，同时在死亡水平一定的情况下，死亡人口实际上也受人口年龄结构的影响。归根结底，从这个角度测量人口长寿水平同样会受人口年龄结构的影响。与此同时，死亡数据一般是一个较短时期的，只能反映当期的死亡水平，因而从这个角度测量的人口长寿水平并不能包含所有人口出生队列终身的死亡风险信息，因此也只能在一定程度上反映人口长寿水平。

采用生命表技术直接比较死亡水平是测量人口长寿水平的另一个角度。生命表实际上是假设一个虚拟人口按照一定时期的死亡水平走完生命历程的情况，可以回答当期存活者预计未来预期寿命有多高的问题。从生命表角度测量人口长寿水平最直观的指标是人口平均预期寿命，人口预期寿命越高，表示人口长寿水平越高。这方面的指标有三种：一是某年龄人口的平均余寿，指生命表中的某年龄人口平均预期还可以活多少岁，其中0岁人口的平均预期寿命一般简称为人口平均预期寿命；二是人口平均预期总寿命，由某年龄人口的平均预期余寿加上该年龄（如60岁的人口预期总寿命=60岁的平均预期余寿+60），表示当前存活的某年龄人口预期总计可以活多久；三是某年龄人口的寿命红利，以某年龄平均预期总寿命减去0岁人口预期寿命，表示该年龄人口平均预期总寿命超过0岁人口预期寿命的部分。从生命表角度还有另一类指标：存活率。存活率越高，则表示人口长寿水平越高。可用的指标有60岁存活率、80岁存活率、100岁存活率等。同时，由于生命表本身代表了一个虚拟人口，因此前述两个角度的指标在生命表中也均可以计算。生命表角度测量人口长寿水平的主要优点在于可以消除人口年龄结构的影响，但是缺点也在于其基础数据是基于某一时期的，因而无法反映历史上的死亡风险情况。

可以看出，在人口长寿水平的测量上，没有完美的指标。上述三个角度，每个角度都包含众多的指标，每个指标都可以从一定程度上反映人口的长寿信息，但无论从哪个角度都不能完全表达出长寿水平的全部信息。因此，如果要对一个地区人口长寿水平进行准确的测量，必须兼顾不同角度，采用多个指标，任何单角度、单指标的测量都有可能失之偏颇。

比较两个个体之间的长寿水平相对简单，只要比较二者从出生到死亡的时间，谁存活时间更长，则谁更长寿。如果仅仅是比较两个出生队列之间的长寿水平，也易于操作，我们只需比较两个队列的平均死亡年龄（如果均已死亡）或是存活比例（如果还有部分存活）即可，但比较两个人口之间的长寿水平就要复杂得多，由于存在三个角度多个指标，选择什么指标、怎样比较就显得十分重要。

目前关于区域人口长寿水平的研究，在测量指标选择上主要有三种做法：（1）从单一的角度、采用1—2个指标来衡量，如央吉（1994）对中国广西巴马长寿带的研究采用的指标是百岁老人比例和90岁及以上老年人口比例；陆杰华等（2004）对中国区县人口长寿水平影响因素的比较研究采用的测量指标是80＋/60＋人口比例；樊新民（2006）对中国长寿老人的分布研究采用的是90＋/65＋人口比例和100＋/65＋人口比例；而前述关于瑞士、日本等是世界最长寿国家的判断则采用了人口平均预期寿命。这种做法的好处是可以比较简单地实现地区之间的比较，但是正如上文所指出的，这样的测量角度单一，指标选择较随意，说服力不足，往往会出现换一个指标就会出现另一种结论的情况。（2）采用多个角度的多个单独指标。中国老年学学会分别于2006年和2013年制订了两个"中国长寿之乡"评定标准，并在全国开展"中国长寿之乡"评定工作。两个标准均有12项指标，其中三项必达指标涉及人口长寿水平：2006年分别是百岁老人比例、人口平均预期寿命、80岁及以上老人比例；2013年是百岁老人比例、人口平均预期寿命、80岁及以上老人占60岁及以上人口比例。但由于三项指标往往并不同步，因此只能判定一个地区是否达到标准，即将各地区的人口长寿水平与标准比较，但并不能判定两个地区人口长寿水平谁更高。（3）采用多个角度的多个指标构建综合指数。中国区域长寿研究课题组（2012）提出的区域长寿指数由长寿水平指数和长寿影响指数加权合成，长寿水平指数中包含百岁及以上人口比例和老年长寿比（90＋/65＋）两项指标，长寿影响指数则由环境指数和社会经济指数合成，二者分别包含三项指标。该指数可以实现对各区域长寿水平的比较，但是该指数合成过程中的权重确定缺乏有力的支撑，且将人口预期寿命作为社会经济指数的指标之一，而非人口长寿水平指标也有待商榷。由此可见，当前区域人口长寿水平测量指标的选择上还存在一定的随意性，因而对不同区域人口长寿水平的比较和判断也有待进一步检验。

要实现不同地区人口长寿水平的比较，必须解决两个问题：一是选择哪些指标来代表各地区的长寿水平；二是如何实现不同地区之间的比较。

前者涉及从众多指标中选择出几个代表性指标，后者则需要寻找一种方法，使其可以综合反映人口长寿水平在多个指标上的差异。下文我们以世界各地区人口长寿水平的比较为例来探讨如何选择代表性指标、构建综合指数，进而实现不同区域人口长寿水平的比较。

三 世界各地区人口长寿水平的比较分析

（一）数据和方法

基础数据来自"世界人口展望"（UN，2012）。其中，人口年龄结构是2010年各国和地区的数据，每5岁为一组，最高年龄组为100岁及以上（100+），剔除一些人口数据不全的国家和地区后，最终共包括197个国家和地区；死亡人口为各国和地区2005—2010年期间死亡人口总数，每5岁为一组，最高年龄组为95岁及以上（95+），共201个国家和地区；预期寿命为各国和地区2005—2010年期间的数据，在"世界人口展望"数据库中可直接获得一些特定年龄的预期寿命，最高为100岁及以上年龄组，共201个国家和地区。

代表性指标的选择采用相关分析和聚类分析。实际上，尽管测量人口长寿水平有多个角度，每个角度有多个指标，但是不同指标之间也会存在一定的联系，特别是在同一角度的不同指标之间这种联系会更为明显。因此，当我们无法直接判断哪个指标代表性更好时，就可以利用指标间的这种联系，从中选择出与其他指标关系较为紧密的指标作为代表性指标。一个思路是可以通过统计学上的相关分析，选择某个或某几个与其他指标相关系数高的指标。具体操作方法是：第一步，先计算所有指标之间的相关系数；第二步，选择一个现有研究最常用的指标或是与某几个指标相关系数高的指标作为进入的第一个指标；第三步则是从与第一个入选指标相关系数中选择系数最低的指标；第四步是从与第一个和第二个入选指标相关系数均较低的指标中选择一个指标，并以此类推，直至所有未入选指标均与某一入选指标存在高度相关为止。为了检验这种选择的合理性，可以进一步进行指标的聚类分析，观察入选指标是否分属不同的类别，如果分属不同类别则说明指标代表性较好。当然相关分析和聚类分析的顺序也可以颠倒过来,先以聚类分析将指标分类,再以相关分析选择指标。

对各地区长寿水平的比较则采用主成分分析。基本思路是对选出的多个代表性指标采用主成分分析法进行综合,形成综合指数,使其不仅可以反映代表性指标所反映的不同地区之间人口长寿水平的差异,同时还可以进行比较,确定各地区长寿水平的高低。在统计学的诸多方法中,主成分分析法经常被用来降维和确定不同变量加权的权数。主成分分析的基本原理就是将多个变量通过变换重新组合成几个互相独立的综合变量,然后选择一个或几个综合变量代表原变量进行分析,以较少综合变量尽量反映原变量信息的统计分析方法。在区域人口长寿水平比较中,我们也可以借鉴这种方法来对不同角度的代表性指标进行综合,尽量反映代表性指标所包含的各地区人口长寿水平的差异。综合指数可以有两个层面:单角度综合指数和多角度综合指数。利用单角度综合指数可以实现某一特定角度人口长寿水平的比较,而多角度综合指数则可以实现多角度的综合比较。

(二) 指标选择

1. 年龄结构角度

人口年龄结构角度可以反映长寿水平的指标有很多,这里根据以往研究的使用情况,初步选择三类九个指标:(1) 总人口中长寿者和极端长寿者的比例,包括百岁及以上人口比例、90 岁及以上人口比例、80 岁及以上人口比例;(2) 老年人口中长寿者和极端长寿者的比例,包括 90 +/65 +、80 +/60 +、100 +/60 + 和 100 +/65 +;(3) 长寿人口中极端长寿者的比例,包括 100 +/80 + 和 100 +/90 +。分析单指标比较的情况,可以发现以不同指标比较各国和地区之间的人口长寿水平会得出不一样的结论。我们以百岁及以上人口比例、90 +/65 + 和 100 +/90 + 3 个指标来说明(见表 1)。按照不同指标进行排序,各地区之间的位次波动很大:如日本百岁及以上人口比例位列世界第一,但其 100 +/90 + 比例则仅列第 25 位;再如巴西百岁及以上人口比例和 90 +/65 + 比例均在 40 位左右,但其 100 +/90 + 比例则位列第 10 位;瑞典则与之相反,前两项指标排位均在 20 位以内,后一项指标则落到 83 位。由此可见,仅以某一单项指标来比较不同地区之间人口长寿水平并不可靠,会因为选取指标的不同而得出大相径庭的结果。

表1　　　　人口年龄结构角度按照不同指标排序的各国(地区)位次

国家或地区	100+/总人口	90+/65+	100+/90+	国家或地区	100+/总人口	90+/65+	100+/90+
中　国	107	100	143	澳大利亚	26	15	60
日　本	1	9	25	瑞　典	16	10	83
美　国	13	6	33	法　国	6	18	23
古　巴	9	21	13	俄罗斯	62	83	59
巴　西	41	38	10	南　非	108	118	85

资料来源:根据 UN(2012)相关数据计算整理。

我们采用相关分析对初选指标进行筛选。表2给出了各初选指标之间的简单相关系数矩阵。我们先分析当前研究中使用频率最高的反映人口长寿水平的年龄结构指标——百岁及以上老年人口比例(100+/总人口)与其他指标的关系。分析显示,百岁及以上人口比例与100+/60+、90+/65+、90+/总人口三个指标高度相关,即与其有较强的一致性,可以在较大程度上反映上述三类指标所包含的长寿水平信息。另五项指标与100+/总人口的相关系数相对为中度相关,其中尤以100+/90+与其的相关系数最低,因此将100+/90+作为第二个指标选入,并进一步观测100+/90+与其余四项指标之间的关系,可以发现该指标与100+/80+、100+/65+之间存在高度相关,可以认为该指标已反映上述两项指标所包含的长寿水平信息。至此,还剩下80+/总人口和80+/60+两项指标,二者的相关系数高达0.877,为高度相关,可从中选择一项指标入选,具体入选指标结合聚类分析的结果进行选择。

表2　　　　人口年龄结构角度各初选指标的相关系数矩阵

	100+/总人口	100+/60+	100+/65+	80+/60+	90+/65+	80+/65+	90+/总人口	100+/80+	100+/90+
100+/总人口	1								
100+/60+	0.816	1							

续表

	100+/ 总人口	100+/ 60+	100+/ 65+	80+/ 60+	90+/ 65+	80+/ 总人口	90+/ 总人口	100+/ 80+	100+/ 90+
100+/65+	0.783	0.997	1						
80+/60+	0.748	0.603	0.573	1					
90+/65+	0.853	0.842	0.827	0.835	1				
80+/总人口	0.774	0.445	0.409	0.877	0.700	1			
90+/总人口	0.899	0.599	0.563	0.848	0.843	0.934	1		
100+/80+	0.727	0.979	0.987	0.507	0.780	0.331	0.482	1	
100+/90+	0.673	0.876	0.881	0.533	0.670	0.356	0.433	0.920	1

注：其中 100+/总人口是以 $1/10^6$ 为单位，其他比例均以%为单位。

资料来源：根据 UN（2012）相关数据计算。

然后，我们以聚类分析判断上述指标选择的合理性。利用 SPSS 软件采用层次聚类方法（hierarchical clustering），选择组间联结法（between groups linkage）进行聚类分析，聚类距离则选择欧氏距离平方（squared Euclidean distance）。实际上，根据不同的聚类距离，可以将各指标分为不同数量的类别，这里根据相关分析的结果将聚类类别限定为3。聚类分析结果显示，当分为三类时，百岁及以上人口比例和80+/60+各为一类，其他7个指标为一类。从聚类分析结果判断，上文根据相关分析进行的指标选择是基本合适的，可以选择百岁及以上人口比例、80+/60+和100+/90+（r100 of 90）三项指标作为代表性指标。实际上，在这里如果先进行聚类分析，再进行相关分析，选择指标更为容易，因为百岁及以上人口比例、80+/60+均被单独分为一类，可以直接选出来，而在剩下一类的所有指标中，100+/90+与前两项指标的相关系数均最低，也很容易被选出。但是，当聚类分析结果不是如此简单明了时，情况则可能会有所不同。

2. 死亡人口角度

从死亡人口角度初选三类共七项指标反映人口长寿水平：（1）死亡人口中长寿者的比例，包括90+死亡人口比例、80+死亡人口比例；（2）老年死亡人口中长寿者的比例，包括80+/60+死亡人口比例、90+/65+死亡人口比例；（3）死亡者的平均年龄，包括平均死亡年龄、60+死亡人口平均年龄、80+死亡人口平均年龄。单指标的比较同样可以发现,从死亡人口角度以不同指标所排出的位次同样存在一定的波动。在表3列出的10个国家中,除瑞典在三个指标中的位次均一致外,其他各国按照不同指标排位次序均有变化,也就是说,从死亡人口角度选择不同的指标去比较各地区之间的人口长寿水平,同样会得出多个结论。

表3　　　　死亡人口角度按照不同指标排序的各国(地区)位次

国家或地区	90+/死亡人口	80+/60+死亡人口	平均死亡年龄	国家或地区	90+/死亡人口	80+/60+死亡人口	平均死亡年龄
中　国	74	88	71	澳大利亚	8	6	17
日　本	5	12	5	瑞　典	1	1	1
美　国	18	20	32	法　国	4	4	13
古　巴	29	34	35	俄罗斯	87	107	72
巴　西	72	92	102	南　非	165	191	141

资料来源:根据UN(2012)相关数据计算整理。

相关分析表明,从死亡人口角度计算的各指标之间相关系数均较高,特别是一些指标如90+死亡人口比例、80+死亡人口比例、80+/60+死亡人口比例、60+死亡人口平均年龄与其他各指标之间都高度相关,即便是其他各指标之间,最低的相关系数也高于0.75,这说明从死亡人口角度测量人口长寿水平比从人口年龄结构角度测量要更为稳定。同时,各指标之间相关系数高也说明可能只需要相对较少的代表性指标。指标选择时,按照上文同样的思路,我们首先考虑90+死亡人口比例与其他指标的相关系数,可以发现该指标与其他指标均高度相关,除与平均死亡年龄的相关系数略低外,与其他指标的相关系数均达到或接近0.9,因此在选入此指标后,只把平均死亡年龄作为备选指标,并进一步参考聚类分析结果再行决定是否把该指标最终选入。

采用与前文相同的方法对上述七个指标进行聚类分析。结果显示,在不同的聚类距离上可以把上述指标分成多类,考虑到各指标之间高度的相关性,代表性指标可以尽量减少,这里将聚类类别数定为2。聚类结果显示:一类包括90+死亡人口比例、90+死亡人口/65+死亡人口、80+死亡人口/死亡人口、80＋死亡人口/60＋死亡人口；另一类包括死亡人口平均年龄、60＋死亡人口平均年龄、80＋死亡人口平均年龄。可以发现，90＋死亡人口比例和平均死亡年龄刚好处于两个类别之中。因此，最终选择这两个指标作为从死亡人口角度测量人口长寿水平的代表性指标。

3. 生命表角度

从生命表角度初选三类十项指标：（1）特定年龄的平均预期余寿，包括 0 岁、15 岁、60 岁和 80 岁平均余寿等指标；（2）特定年龄的寿命红利，包括 15 岁、60 岁和 80 岁三个年龄；（3）特定年龄的存活率，包括 0—80 岁存活率、15—80 岁存活率、60—80 岁存活率。从这个角度以单指标比较各地区的人口长寿水平会出现与前两个角度类似的情况，各指标下的排位差异明显（见表4），如巴西 0 岁平均预期寿命排在第 99 位，而 80 岁平均预期余寿则排第 13 位；瑞典的 0—80 岁存活率和 0 岁平均预期寿命排在第 9 位，80 岁平均预期余寿则排在第 36 位。

表4　　　　生命表角度按照不同指标排序的各国（地区）位次

国家或地区	0 岁平均预期余寿	80 岁平均预期余寿	0—80 岁存活率	国家或地区	0 岁平均预期寿命	80 岁平均预期余寿	0—80 岁存活率
中　国	72	96	76	澳大利亚	4	11	3
日　本	1	2	1	瑞　典	9	36	9
美　国	30	24	31	法　国	10	8	8
古　巴	37	38	34	俄罗斯	134	111	139
巴　西	99	13	86	南　非	184	127	194

资料来源：根据 UN（2012）相关数据计算整理。

我们仍然以相关分析和聚类分析来进行代表性指标的选择。我们首先选入其他研究使用频率较高的 0 岁平均预期寿命，然后考察其与其他指标之间的相关情况。分析表明，除 80 岁平均预期余寿与其为中度相关外，其他指标均与其高度相关。采用与前文同样的方法进行聚类分析可以发现，所有指标可以被分成两类：一类是 0—80 岁存活率、15—80 岁存活率、60—80 岁存活率、0 岁平均预期寿命、15 岁平均预期余寿；另一类是 60 岁平均余寿、80 岁平均预期余寿、15 岁寿命红利、60 岁寿命红利和 80 岁寿命红利。可以发现，0岁平均预期寿命和80岁平均预期余寿正好处于这两类之中，因此，我们可以选择这两项指标作为从生命表角度测量人口长寿水平的代表性指标。

(三) 综合比较分析

综合比较分析分两个层面进行，先是计算年龄结构、死亡人口、生命表三个角度的单角度综合指数，然后在此基础上计算多角度综合指数。

1. 年龄结构角度综合指数

在年龄结构角度，前文选出了百岁及以上人口比例、80+/60+和100+/90+三个代表性指标。在这里采用主成分分析对三个代表性指标进行降维，力图合成更少的可反映区域人口长寿水平的综合指标。采用 SPSS 软件进行的主成分分析显示，在形成的三个主成分中，只有第一个主成分的特征值大于1（等于2.306），且方差贡献率为76.868%，因此直接选择第一主成分作为从年龄结构角度反映世界各地区人口长寿水平的综合指数，构成如下：

$$LI1 = 0.6098Zr100 + 0.5729Zr80/60 + 0.5479Zr100/90$$

其中，Zr100 为标准化后的百岁及以上老年人口比例，Zr80/60 为标准化后的 80+/60+，Zr100/90 为标准化后的 100+/90+。

根据综合指数的表达式，可以计算出从年龄结构角度测量的世界各地区人口长寿水平，进而对各地区进行排序（见表5）。从年龄结构角度综合来看，留尼旺是人口长寿水平最高的地区，中美洲的波多黎各和萨尔瓦多紧随其后分居第2位、第3位，日本和黑山排在第4位和第5位，美国排在第14位，瑞典和巴西分别排在第23位和第38位，中国排在第121位。

表5　从年龄结构角度测算的部分国家和地区的人口长寿水平综合排名

排名	国家或地区	排名	国家或地区	排名	国家或地区
1	留尼旺	6	法国	31	澳大利亚
2	波多黎各	7	瓜德罗普	38	巴西
3	萨尔瓦多	12	古巴	63	俄罗斯
4	日本	14	美国	121	中国
5	黑山	23	瑞典	123	南非

2. 死亡人口角度综合指数

死亡人口角度选出的代表性指标是 90 + 死亡人口比例和平均死亡年龄。同样利用主成分分析将两个代表性指标合成综合指数。主成分分析表明，只有第一主成分的特征值大于 1，且方差贡献率达到了 90.73%，因此用第一主成分表达式作为综合指数的计算公式：

$$LI2 = 0.7074Zdratio90 + 0.7074Zmagedea$$

其中，Zdratio90 和 Zmagedea 分别是标准化后的 90 + 死亡人口比例和平均死亡年龄。

由于参与主成分分析的只有两个代表性指标，因此在主成分分析中，其因子载荷是相等的。

基于上述综合指数计算结果，可对世界各地区人口长寿水平进行排序（见表6）。结果显示，从死亡人口角度测算，瑞典是世界人口长寿水平最高的地区，其次是瑞士、挪威、日本和意大利，美国位居第 24 位，中国位居第 74 位。与从年龄结构角度测算的综合排名相比，差别明显。

表6　从死亡人口角度测算的部分国家和地区的人口长寿水平综合排名

排名	国家或地区	排名	国家或地区	排名	国家或地区
1	瑞 典	6	法 国	30	古 巴
2	瑞 士	7	西班牙	74	中 国
3	挪 威	8	冰 岛	81	俄罗斯
4	日 本	9	澳大利亚	90	巴 西
5	意大利	24	美 国	149	南 非

3. 生命表角度综合指数

生命表角度选出的代表性指标是 0 岁平均预期寿命和 80 岁平均预期余寿。同理，可用主成分分析构建这个角度的综合指数，分析表明只有第一主成分的特征值大于 1，且方差贡献率为 88.806%，以第一主成分表达式构建综合指数如下：

$$LI3 = 0.7071Ze0 + 0.7071Ze80$$

其中，Ze0 和 Ze80 分别为 0 岁平均预期寿命和 80 岁平均预期余寿的标准化数据。

基于上述公式的计算结果，可以从生命表角度给出世界各地区人口长寿水平的排名情况（见表7）。日本、中国香港地区、瓜德罗普、新加坡、法国分列前五位，中国居第88位。

表7　从生命表角度测算的部分国家和地区的人口长寿水平综合排名

排名	国家或地区	排名	国家或地区	排名	国家或地区
1	日本	6	澳大利亚	37	古巴
2	中国香港	7	马提尼克	40	巴西
3	瓜德罗普	8	瑞士	88	中国
4	新加坡	23	瑞典	122	俄罗斯
5	法国	27	美国	170	南非

4. 多角度综合指数

从表5、表6、表7中列出的排名情况可以看出，从人口年龄结构、死亡人口和生命表角度进行的排名也不一致。为了实现对世界各地区之间的比较，我们利用主成分分析继续对上述三个指数进行综合。分析表明，只有一个主成分的特征值大于1，方差贡献率达到了86.60%，因此以第一主成分的表达式作为综合指数计算公式：

$$GLI = 0.5553 ZLI1 + 0.5944 ZLI2 + 0.5819 ZLI3$$

其中，$ZLI1$、$ZLI2$、$ZLI3$ 分别是上述三个角度综合指数值的标准化数据。

根据综合指数计算公式得出世界各地区的指数值并进行排序，可以实现对各地区人口长寿水平的排名（见表8）。综合来看，日本是世界上最长寿的地区，其次是法国、瑞士、波多黎各和意大利，中国香港位居第9位，中国位居第96位。欧洲是长寿地区较集中的大洲，在排名前10位的国家和地区中，欧洲占据5席，排名前15位中欧洲占据8席。"金砖五国"中，巴西的位次最高，居第49位，南非最低，居第151位。

表 8　　　　　世界部分国家和地区人口长寿水平的综合排名情况

排名	国家或地区	排名	国家或地区	排名	国家或地区
1	日本	8	英国	15	美国
2	法国	9	中国香港	19	古巴
3	瑞士	10	澳大利亚	49	巴西
4	波多黎各	11	西班牙	87	俄罗斯
5	意大利	12	加拿大	96	中国
6	留尼旺	13	荷兰	130	印度
7	瑞典	14	挪威	151	南非

四　结论和讨论

区域人口长寿研究是近年来兴起的一个研究领域，对于区域人口长寿水平的测量和比较仍然处于探索阶段，以往的研究在指标选择上或多或少有一定的随意性，本文力图通过在对测量指标进行系统梳理的基础上，找出几个代表性指标，并探讨如何将不同维度的指标合成为一个可以直接比较的综合指数，使区域人口长寿水平的比较更为科学合理，结论更加令人信服。

对区域人口长寿水平最准确的测量是跟踪每个队列从出生到死亡的全过程，但是并不现实，可行的思路是从当前人口中寻找可以反映长寿的信息。人口年龄结构、死亡人口、生命表（实际上是基于死亡率）中蕴含着一定的人口长寿信息，从这三个角度都有一系列测量人口长寿水平的指标，但是没有完美的指标，各类指标在包含长寿水平信息的同时也存在一些扰乱这些信息的因素，因此从不同角度以不同指标测量和比较人口长寿水平会得到不一样的结果，从而可能使人口长寿水平的比较陷入混乱。

测量人口长寿水平的各指标之间尽管包含不同的信息，但是也存在一定的联系，利用这些联系可以使我们对指标进行选择，也可以帮助我们对指标进行合成，前者我们可以利用相关分析和聚类分析方法来实现，后者则可以利用主成分分析方法。以世界各地区人口长寿水平比较为例，可以发现百岁人口比例、80＋/60＋、100＋/90＋可以作为人口年龄结构角度的代表性指标，死亡人口角度的代表性指标是 90＋死亡人口比例和平均死亡年龄，生命表角度的代表性指标可以选择 0 岁平均预期寿命和 80 岁平均预期余寿。利用这些指标可以构建不同角度的综合指数和多角度综合指数，实现对不同国家人口长寿水平的比较。综合比较发现日本、法国、瑞士等是世界上最长寿的国家。

实际上，本文的主要目的不在于判别世界各地区人口长寿水平的高低，而是想为后续的区域长寿研究在代表性指标选择和综合指数构建上提供一种思路。本文的研究说明，可以用较少的指标反映众多指标中包含的人口长寿水平差异，也可以用综合指数尽量反映不同角度所测量到的人口长寿水平差异（较高的方差贡献率说明了这一点），从而解决不同地区人口长寿水平的比较问题。当进行多地区的人口长寿水平比较时，本文提供了一种选择代表性指标和构建综合指数的思路；当比较的地区较少、无法重新根据数据选择指标时，本文选出的指标则可以作为一种参考，作为判断人口长寿水平的依据。值得注意的是，在构建综合指数的过程中，各指标（或单角度综合指数）的系数之间的差距并不大，说明在构建单角度综合指数和多角度综合指数时，采用等权重的方法有一定的合理性。

作为一项探索性研究，最后还有一些地方需要说明。首先，本文选出的代表性指标并不具有唯一性，本文的思路是从某一个常用指标出发，然后根据其他指标与其关系进一步选择，最终选出所有代表性指标。如果换一个指标出发，选出的则可能是另一组指标。但是，这并不影响本文所选出的指标的代表性，同时由于指标的关系是相互的，所以这种唯一性事实上也并不存在。这里选择从大家常用的指标入手，主要是照顾现有的研究习惯。其次，限于数据，本文是以世界各国家和地区为分析单位，这些区域之间无论是地域面积还是人口数量均存在数量级的差别，在数据可以支持的情况下，如果能基于一些更小的地理单元可能对区域长寿研究更有意义。

参考文献

1. 萧振禹、徐勤、原野：《巴马百岁老人状况及长寿原因探讨》，《中国人口科学》1996 年第 3 期。
2. 央吉：《论中国广西巴马长寿带及其生存环境》，《中国人口科学》1994 年第 2 期。
3. 陆杰华、汪洪波、潘漪：《中国县（区）人口长寿水平的影响因素分析》，《人口与经济》2004 年第 5 期。
4. 樊新民：《中国长寿人口分布》，《人口学刊》2006 年第 3 期。
5. 樊新民：《中国第六次人口普查长寿人口研究》，《人口学刊》2013 年第 4 期。
6. 虞江萍等：《区域健康长寿与地理环境的耦合关系研究》，见《中国地理学会 20 年学术年会暨中国科学院新疆生态与地理研究所建所五十年庆典论文摘要集》，2011 年，第 67—68 页。
7. 中国区域人口长寿研究课题组：《关于区域人口长寿指数的研究》，第二届国际人口老龄化长寿化研讨会，中国海南澄迈，2012 年 9 月。
8. Dan Buettner, The Blue Zones, from: What are the Blue Zones? http://www.secrets-of-longevity-in-humans.com/the-blue-zones.html.
9. 新华网："OECD 公布世界最长寿的国家 日本排第二"，2013 年 12 月 5 日，http://japan.xinhuanet.com/2013-12/05/c_132944053.htm。
10. United Nations, *World Population Prospects: The 2012 Revision*, 2012, http://esa.un.org/unpd/wpp/index.htm.